DIAL DAU

Revenge for Two

a tale for more advanced Welsh Learners with
Notes and Vocabulary

Ivor Owen

GWASG
GEE

ⓗ Ivor Owen 1968

Argraffiad cyntaf 1968
Ail argraffiad Medi 2000

ISBN 0 7074 0343 X

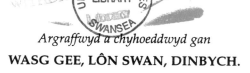

Argraffwyd a chyhoeddwyd gan
WASG GEE, LÔN SWAN, DINBYCH.

Gwobrwywyd y stori hon
yn Eisteddfod Genedlaethol Abertawe 1964
ac fe'i cyhoeddir hi nawr
dan Gynllun Llyfrau Cymraeg
y Cyd-Bwyllgor Addysg Cymreig

This book is intended
for more advanced Welsh Learners
and is a grammatical sequel
to 'Four Stories for Welsh Learners'
and 'Noson ym Mis Medi'.
Sentence patterns introduced in
these two volumes are revised in this story, and
further new sentence patterns
and verb tenses introduced

CYNNWYS

1. SÔN AM DDIHIROD

FE gododd Morfudd o'i chadair esmwyth a mynd i sefyll a'i chefn at y tân. Roedd hi'n bictiwr o ferch ddeunaw oed yn sefyll felly a golau coch y tân yn ffrâm iddi. Fe edrychodd hi i lawr ar ei thad yn y gadair esmwyth arall a gwenu.

'Dyna ni wedi penderfynu. Rydw i'n mynd i astudio'r gyfraith fel fy nhad. Efallai y bydda i mor enwog â chi ryw ddiwrnod, nhad.'

Oedd, roedd Syr Richard Puw yn ddigon enwog. Roedd e'n un o fargyfreithwyr disgleiria'r wlad. Roedd e wedi cael ei fagu mewn tlodi; yn fab i löwr, ond roedd e wedi dringo'n uchel, a nawr, dyma fe a'i ferch yn byw mewn tŷ mawr braf uwchlaw'r dref. Ei ofid penna oedd ei fod e wedi colli ei wraig yn gynnar yn ei yrfa.

Fe edrychodd Syr Richard ar ei ferch ac roedd rhyw olwg drist yn ei lygaid. Roedd Morfudd yn nabod yr olwg yna ac fe ddiflannodd y wên oddi ar ei hwyneb.

'Mae e'n meddwl am Mam,' meddyliodd Morfudd ac fe gerddodd hi at y ffenest gan feddwl agor y llenni. Roedd y ffenest yn ddrws hefyd ac yn agor ar feranda y tu allan. Roedd Morfudd yn hoff iawn o edrych allan trwy'r ffenest gyda'r nos a gweld goleuadau'r dref a'r dociau islaw yn gwenu arni hi. Roedden nhw'n gwmni iddi hi yn y tŷ mawr unig yma. A braf oedd eistedd ar y feranda yn yr haf.

Fe gododd Morfudd ei llaw i agor y llenni. Ar unwaith, fe neidiodd ei thad ar ei draed.

'Peidiwch!' meddai fe. 'Peidiwch ag agor y llenni, Morfudd! Dewch o'r ffenest yna ar unwaith.'

Fe safodd Morfudd ac edrych ar ei thad. Roedd ei wyneb e'n wyn ac roedd rhyw ofn yn ei lygaid.

' Pam? Beth sy'n bod, nhad? ' gofynnodd Morfudd a golwg syn yn ei llygaid hi.

' Rydw i wedi dweud unwaith. Dewch o'r ffenest yna,' meddai'r tad wedyn fel pe bai e'n siarad â phlentyn deng mlwydd oed.

' Nhad! Beth sy'n bod arnoch chi? Nid plentyn ydw i nawr! '

Ysgydwodd Syr Richard ei ben.

' Mae'n ddrwg gen i, Morfudd. Ond dewch yn ôl at y tân yma. Mae rhywbeth gen i i'w ddweud wrthoch chi.'

Fe gerddodd Morfudd yn dawel yn ôl at ei chadair ac eistedd. Roedd rhaid iddi hi gael gwybod beth oedd yn cynhyrfu ac yn poeni ei thad.

' Wel? ' meddai hi.

Fe eisteddodd ei thad.

' Mae . . . mae rhaid i chi gael gwybod hyn,' meddai fe. ' Mae e wedi bod yn fy mhoeni i ers tridiau bellach. Glywsoch chi erioed am Nic Vaughan a Ben Morgan? '

' Naddo.'

' Naddo, wrth gwrs. Mae Nic Vaughan yn fwy adnabyddus fel Nic Lawchwith, neu *roedd* e'n fwy adnabyddus fel Nic Lawchwith. A Ben Morgan yn fwy adnabyddus fel Ben y Cawr. Dau o ddihirod penna'r wlad yma oedd Nic a Ben, ond fe gawson nhw eu dal o'r diwedd, a chael deng mlynedd o garchar. A fi yrrodd nhw i'r carchar. Roedd y Nic yma mor gyfrwys â llwynog, a gwaith anodd oedd profi'r achos yn ei erbyn e, ond fe lwyddais.'

' Rydych chi wedi gyrru llawer dyn i garchar, nhad, ac fe fydda i'n gwneud yr un peth ryw ddydd . . . efallai.'

' Eitha siŵr, Morfudd, ond y pwynt nawr ydy hyn. Mae Nic a Ben wedi gorffen eu hamser yn y carchar, a nawr maen nhw'n rhydd rywle yn y dre yma.'

' Yng Nghaerolau? '

' Ydyn, maen nhw yma yng Nghaerolau. Rydw i wedi bod yn siarad â nhw. Wel, mae Nic wedi bod yn siarad â fi.'

' Beth, ydy Nic wedi penderfynu bod yn fachgen da o hyn ymlaen? '

' Na, sôn am ddial mae e.'

'Dial?'

'Ie, dial am ei yrru fe a Ben i'r carchar. Tair noson mae'r ffôn yn y tŷ yma wedi canu—pan oeddech chi allan gyda'ch ffrindiau—a thair gwaith mae Nic wedi bygwth.'

'Beth mae e'n 'i fygwth, nhad?'

'Mae e'n bygwth niwed i chi, Morfudd.'

'I fi, nhad? Wnes i ddim byd i un o'r ddau—i'r Nic yma na Ben.'

Roedd y ferch yn amlwg wedi dychryn.

'Beth wnân nhw, nhad?'

'Wn i ddim, wir. Ond mae rhaid i chi fod yn ofalus. Bob tro rydych chi'n mynd allan o'r tŷ, mae un o'r ddau yn eich dilyn chi, meddai Nic ar y ffôn. Yn ôl beth mae Nic yn ei ddweud, mae e a Ben yn gwybod ein symudiadau ni i gyd yn y tŷ yma. Ac rydw i'n siŵr eu bod nhw'n gwybod hefyd.'

'Ydych chi wedi dweud wrth y polîs, nhad?'

'Wrth gwrs. Bob tro rydych chi'n mynd allan mae plismon yn eich gwylio chi hefyd—yn ei ddillad ei hun, wrth gwrs. A dydy e ddim wedi gweld neb yn eich dilyn chi. Ac mae'n ddigon hawdd nabod Nic a Ben. Ond does neb wedi eu gweld nhw o gwbl.'

'Fe fydd arna i ofn symud o'r tŷ yma nawr. Oes plismon yn gwylio'r tŷ yma hefyd?'

'Wel, nac oes. Tra rydych chi gyda fi, does dim eisiau neb. Fe alla i ofalu amdanoch chi'n iawn. Ond mae'n amhosib i bethau fynd ymlaen fel hyn—yn aros o hyd i Nic daro. Y peth gorau ydy i chi fynd i ffwrdd. Fe allwch chi fynd i aros gyda'ch modryb yn Sir Aberteifi.'

'Ond fe fydd y Nic a'r Ben yma'n siŵr o fy nilyn i.'

'Fe fydd rhaid i ni eich cael chi i ffwrdd ryw ffordd neu'i gilydd . . . heb i neb wybod.'

'Fydd hynny'n bosib? Na, dydw i ddim yn symud o'r lle yma. Fe fydda i'n iawn, dim ond i mi wybod fod y plismon yn'a wrth law. Ydy e'n blismon golygus, nhad?' gofynnodd Morfudd gan geisio cellwair.

'Peidiwch â chellwair, Morfudd. Rydw i wedi dweud bod Nic a Ben yn ddau o ddihirod gwaetha'r wlad. A dydy'r carchar wedi gwella dim arnyn nhw, gallwn feddwl.'

'Beth wnaethon nhw i fynd i'r carchar?'

'O, llawer peth, ond yr achos mawr yn eu herbyn nhw oedd ymosod ar hen wraig oedd yn cadw siop yn un o strydoedd cefn Caerolau yma. Roedden nhw wedi curo'r hen wraig yn ddidrugaredd a'i gadael hi'n hanner marw ar lawr ei siop. Fe allwch chi weld sut rai ydy'r ddau ddihiryn yma, felly. Does dim byd yn rhy gas nac yn rhy greulon ganddyn nhw.'

'O, nhad, rydych chi'n fy nychryn i.'

'Wel, mae'n well i chi wybod y gwir. Fe fyddwch chi'n fwy gofalus wedyn. Nic ydy'r un clyfar; fe ydy'r llwynog. Dydy Ben fawr gwell nag anifail, ond mae e'n barod i wneud unrhywbeth mae Nic yn ei orchymyn iddo fe.'

'Fe fydd rhaid i mi edrych o dan y gwely heno, nhad!'

'Peidiwch â chellwair, Morfudd, da chi.'

'Dydw i ddim yn cellwair, nhad. Dweud rhywbeth rydw i i guddio f'ofn. Fe fydd arna i ofn fy nghysgod o hyn ymlaen.'

'Nes ein bod ni'n dal Nic a Ben a'u rhoi nhw dan glo unwaith eto.'

'Mae'r polîs yn chwilio amdanyn nhw?'

'Wrth gwrs, ond hyd yn hyn, does neb wedi taro llygaid ar y ddau . . .'

2. SÔN AM DDIAL

MAE dociau Caerolau wedi gweld dyddiau gwell. Ar un adeg, y dociau yma oedd y dociau allforio glo mwya prysur yn y byd. Roedd y peiriannau llwytho a'r craenau mawr yn gweithio nos a dydd. Roedd y lle'n gwmwl o lwch glo ac yn llawn sŵn. Ond mae'r hen brysurdeb wedi darfod. Er hynny, fe welwch chi lawer llong lo eto'n llwytho'i chargo du i'w howld. Dacw un wrth y cei yna nawr. Y Sarff ydy enw'r llong. Edrychwch arni hi. Mae hi'n ddu ac yn frwnt, ond ar y foment, mae popeth o'i chwmpas hi'n dawel a disymud. Mae'r hen brysurdeb rownd-y-cloc wedi darfod. Does fawr o lwytho wedi pump o'r gloch nawr, yn enwedig ar noson o aeaf fel heno.

Yng nghaban y capten mae tri dyn yn siarad. Mae'r caban ei hun yn ddu ac yn frwnt; ar y ford mae llestri brwnt a photeli a sbarion pryd o fwyd i dri. Mae un dyn yn sefyll a'r ddau arall yn eistedd ac yn gwrando ar y llif geiriau brwnt yn dod o'i enau.

'Dial! Dial!' medd yr un ar ei draed ac fe ddaw ei ddwrn i lawr ar y bwrdd nes bod y llestri a'r poteli'n neidio. Nic Lawchwith ydy'r dyn yma. Un bach o gorff ydy e ac mae ei wyneb e'n welw, ac mae ei lygaid yn fflachio mellt ei gasineb. Ar ôl pob brawddeg mae e'n cau ei geg yn dynn nes bod ei wefusau fel un llinyn main o greulondeb ar draws ei wyneb. Mae'r ddau ddyn arall yn pwyso ar bob gair. Ben ydy un ohonyn nhw. Mae e wrth ei fodd yn llyncu pob gair ddaw o geg Nic. 'Ew! Mae e'n gallu ei dweud hi!' Dyna ymateb Ben bob amser. Ond mae'r llall yn fwy cyfrwys—yn pwyso a mesur pob gair. Fe ydy Capten y llong—Capten Lefi.

'Dydych chi ddim yn gwybod beth ydy carchar, Lefi. Ddim eto. Ond mae Ben a fi wedi bod yn y carchar am ddeng mlynedd . . . am ddeng mlynedd hir. A nawr rydyn ni'n mynd i ddial ar y dyn yrrodd ni yno.'

Fe gaeodd Nic ei geg yn dynn eto.

'Na, dydw i ddim wedi bod yn y carchar,' meddai Capten Lefi gan bwyso'i ddau benelin ar y ford. 'A does arna i ddim eisiau mynd yno. Mae'r hen dwba du yma'n gartre digon cysurus gen i. Ac felly, os ydych chi am i mi ddod i mewn i'r . . . i'r gêm yma, mae rhaid i chi fod yn ofalus . . . yn ofalus iawn.'

Dyn mawr cryf ydy Lefi—yn gawr yn ei gwrw ac yn fawr ei groeso gan lawer hoeden mewn llawer porthladd o Aberdeen i Adelaide. Does neb yn beiddio croesi'r dyn yma pan fydd e yn ei ddiod a'i dymer.

'Cofiwch,' meddai fe, 'mae'n siŵr bod y polîs yn cribo'r lle yma amdanoch chi'ch dau.'

'Rydyn ni'n ddigon gofalus. Anaml y byddwn ni allan gyda'n gilydd. Fyddwn ni byth yn cerdded. Mae'r *Landrover* yn rhy gysurus ac yn llai o straen ar ddyn, a phwy fyddai'n meddwl edrych am Nic a Ben mewn *Landrover* y Comisiwn Coedwigo? Dau weithiwr bach diniwed yn mynd o gwmpas eu gwaith!'

Ac fe chwerthodd Nic fel crafu tun ar goncrit. A chwerthin wnaeth Ben hefyd nes bod ei fola mawr e'n ysgwyd.

'Rydyn ni'n rhy glyfar i'r polîs,' ebe Ben, 'rhy glyfar o lawer!'

'O'r gorau,' meddai Capten Lefi. 'Rydw i'n barod i'ch helpu chi . . . am bris, wrth gwrs. A does arna i ddim eisiau trwbwl, na llygaid busneslyd i sbio'r llong yma. Beth rydych chi'n ei ddisgwyl i mi ei wneud?'

'Dim llawer,' ydy ateb Nic. 'Dim ond cadw un caban bach yn wag ar y llong yma. Un caban tywyll, gwag. A neb arall ar y llong yma i wybod am y caban a neb i fynd i mewn iddo fe.'

'Mae hynny'n ddigon hawdd, ond cofiwch, fe fydda i'n hwylio gyda'r llanw nos yfory. Alla i ddim fforddio colli'r llanw.'

'Fe fydd hynny'n ddigon i'n pwrpas ni,' meddai Nic. Fflachiodd ei lygaid.

'Hewc! Fe gawn ni hwyl heno. Rydw i wedi bod yn edrych ymlaen at y noson yma ers deng mlynedd. Hoffwn i ddim bod yn sgidiau Richard Puw heno. Sut mae e'n teimlo nawr, tybed? Ar bigau'r drain, mae'n siŵr gen i. Mae arno fe ofn tynnu ei grys i fynd i'r gwely, rydw i'n siŵr.'

'A'r ferch, Nic,' ychwanegodd Ben.

'Ydy e wedi dweud wrthi hi be sy o'i blaen hi, tybed?' gofynnodd Nic fel pe bai e'n siarad ag ef ei hun.

'Ie, beth sy o'i blaen hi pan gawn ni ein dwylo arni hi,' meddai Ben fel eco i'w feistr. 'Ac wedyn y pum mil . . . pum mil o bunnoedd.'

'Fe fydd arna i eisiau siâr o'r pum mil,' meddai Capten Lefi gan rwbio cledr ei law chwith yn araf ar gornel y ford.

'Dim ond dechrau fydd y pum mil yma. Fe waedwn ni'r bargyfreithiwr cythraul yma nes ei fod e'n gweiddi am drugaredd. Fe wasgwn ni e nes . . . nes . . .' ebe Nic.

Fe gaeodd e ei geg yn sydyn. Yna'n dawel, meddai fe,—

'Dewch, Ben. Mae'r sbort ar ddechrau . . .'

3. SWN O'R TU ALLAN

YN y tŷ mawr y tu allan i'r dref roedd Syr Richard Puw a'i ferch Morfudd yn eistedd yn drist ac ofnus wrth y tân. Fe beidiodd y siarad rhyngddyn nhw. Gwaith anodd oedd torri gair o gwbl nawr. Roedd y ddau fel pe baen nhw'n aros i rywbeth ddigwydd. Roedd rhaid i rywbeth ddigwydd cyn bo hir. Roedd yn amhosib diodde'r ansicrwydd. Fe gydiodd Morfudd mewn llyfr i geisio tawelu ei meddwl, ond roedd y geiriau'n dawnsio o flaen ei llygaid fel pryfed bach duon. Roedd yn amhosib cael trefn arnyn nhw o gwbl. Roedden nhw fel pe baen nhw'n neidio ac yn dawnsio ac yn chwerthin am ei phen. Roedd rhaid iddi hi o'r diwedd roi'r llyfr i lawr.

' Fe â i i wneud cwpanaid o goffi,' meddai hi wrth ei thad.
' Ydy . . . ydy'r drysau wedi 'u cloi? '
' Pob un.'
' Fe . . . fe â i. Fe dynnais i lenni'r gegin ar ôl te.'
' O'r gorau, Morfudd.'

Fe aeth Morfudd yn nerfus tua'r gegin a dechrau casglu'r pethau at ei gilydd i baratoi coffi. Fe aeth hi o gylch ei thasg fel pe bai hi'n gweini yn nhŷ'r meirw—dodi'r cwpanau a'r llestri ar y ford yn dawel, dawel rhag ofn torri ar y tawelwch, rhag ofn iddi hi golli unrhyw sŵn arall o'r tu allan neu o stafell arall. Safodd Morfudd yn sydyn. Roedd hi'n siŵr ei bod hi'n clywed sŵn y tu allan—troed rhywun yn crensian yn araf a gofalus. Roedd yn anodd ganddi lyncu ac roedd curiad ei chalon yn llanw ei phen a'i chlustiau. Roedd hi'n anodd clywed dim . . . ond dyna'r sŵn eto. Oedd, roedd rhywun y tu allan. Fe allai hi glywed crensian y traed ar waetha sŵn ei chalon. Fe redodd hi'n ôl i'r stafell at ei thad. Roedd e'n sefyll wrth y ffenest fawr a darn o bapur yn ei law.

'Nhad! Mae rhywun y tu allan . . . Be . . . beth . . . ydy'r papur yna?'

'Fe ddaeth hwn dan y ffenest.'

'Beth ydy e? Nodyn? Nodyn oddi wrth . . .'

'Ie . . .'

'Beth sy arno fe?'

'Un gair, "Heno".'

'Heno? Beth mae hynny'n feddwl. Mae'r ddau yna'n dod i ddial . . . heno?'

'Peidiwch â chynhyrfu, Morfudd. Rydw i'n ffonio'r polîs ar unwaith. Fe fydd llond car ohonyn nhw yma cyn pen dim.'

'Ond maen nhw y tu allan . . . nawr . . . nawr y foment yma!'

'Ust, Morfudd. Dewch gyda fi. Rydw i'n mynd i ffonio . . .'

Fe aeth y ddau gyda'i gilydd i'r cyntedd lle roedd y ffôn. Cododd Syr Richard y ffôn at ei glust a throi'r ddeial . . . naw . . . naw . . . naw . . . Roedd y ffôn mor farw â hoel.

'Does dim sŵn, nhad!'

'Nac oes. Maen nhw wedi torri'r gwifrau.'

'A does neb nawr . . . dim ond ni . . . a nhw . . .'

Prin y gallai Morfudd gael y geiriau allan. Roedd ei gwddw hi'n dynn fel cwlwm.

A dyna sŵn y tu allan . . . sŵn sydyn, sŵn chwerthin sych.

Fe neidiodd Morfudd a gafael yn ei thad. Fe roiodd yntau ei fraich amdani hi.

'Dewch 'nôl i'r stafell, Morfudd. Mae o leia dân a golau yno. Ac mae rhywbeth gen i yn y cwpwrdd hefyd. Dewch!'

Fe aeth y ddau'n ôl i'r stafell a'u llygaid yn chwilio pob cornel a chysgod ar y ffordd. Fe agorodd Syr Richard ddrôr yn y cwpwrdd a thynnu allan rifolfer bach. Dododd e'r rifolfer yn ei boced, a Morfudd o hyd yn glynu wrth ei ochr e.

'Eisteddwch nawr, Morfudd,' meddai'r tad, ond roedd yn anodd ganddi hi symud oddi wrtho fe. Gafaelodd hi yn ei fraich yn ei hofn. O'r diwedd roedd rhaid iddo fe siarad yn gas.

'Eisteddwch, Morfudd! Da chi!'

Fe eisteddodd Morfudd, ac yna . . . fe ddiffoddodd y golau . . .

4. SÔN AM DDAU RIFOLFER

Roedd y stafell mewn tywyllwch, ond am y tân yn y grât. Fe neidiai'r fflamau yno a dawnsio'n gwbl ddihidio o'r ddrama oedd yn mynd ymlaen yn y stafell.

Fe aeth Morfudd yn oer drosti i gyd. Llyfodd ei gwefusau ac roedden nhw mor sych â'r tywod ar Bendibyn lle nad oedd y llanw byth yn cyrraedd.

' O, nhad! ' meddai hi'n wan.

Fe deimlai hi'n llipa a diamddiffyn—yn darged i unrhywbeth allai ddigwydd.

Fe ddaeth ei thad ati hi a gwasgu ei llaw. Roedd ei law arall e'n dynn am garn ei rifolfer.

Sôn am ofn. Roedd Nic Lawchwith yn 'gwybod ei bethau '. Roedd e wedi dweud ei fod e'n mynd i chwarae â Syr Richard Puw fel cath yn chwarae â llygoden. Roedd e'n chwarae'n fedrus nawr. Roedd Syr Richard yn disgwyl clywed llais o'r drws neu o'r ffenest, ond na, ddaeth dim sŵn—dim ond sŵn y fflamau dihidio yn y grât, a thipian y cloc ar y silff ben tân, a sŵn ei anadl fe ei hun a Morfudd. Un funud hir . . . hir . . . o dawelwch heb na chyffro na symud wrth ddrws na ffenest nes bod Morfudd yn teimlo ei bod hi'n mygu. Roedd ei chalon fel pe bai hi wedi chwyddo'n fawr yn ei gwddw, ac roedd arni hi ofn y byddai'n tagu unrhyw foment.

Oedd, roedd Nic yn gwybod ei bethau, lle bynnag roedd e y funud hir, hir honno. Ie, chwarae roedd Nic. Chwarae ar ofn ac ansicrwydd y ferch a'i thad.

Un . . . dwy . . . funud hir o dawelwch llethol, ac ofnau o bob math yn rhuthro drwy feddyliau'r tad a'r ferch. Allai Morfudd ddim dal yn hwy. Sgrechiodd . . .

A dyna lais bach—direidus bron—o gyfeiriad y drws. Roedd Syr Richard yn nabod y llais yn dda.

'Roeddwn i'n ceisio dyfalu pa mor hir y gallech chi ddiodde'r tywyllwch a'r tawelwch. Marciau llawn i chi, Syr Richard, am ddal mor hir. Ac fe fu Morfudd yn ddewr iawn hefyd. Chwarae teg iddi.'

Roedd rhyddhad i Syr Richard a Morfudd yn sŵn y llais. Er bod y gelyn yn nes, roedd yr ofn yn llai. Haws ymladd â draig nag â chysgod.

'Nic Vaughan, arhoswch lle rydych chi,' meddai Syr Richard a'i hyder yn prysur ddod 'n ôl. 'Mae rifolfer gen i yn fy llaw. Un symudiad bach ac fe fydd bwled drwyddoch chi.'

'Wel, wel! Dyna ni'n gyfartal felly,' atebodd Nic a'i lais fel pe bai e'n anwesu'r ddau yn y stafell. 'Rifolfer gennych chi, a rifolfer gen i. Ond mae'r fantais gen i, Syr Richard. Fe alla i eich gweld chi yng ngolau'r tân acw, ond welwch chi mono i. Rydw i yn y tywyllwch, a dyma lle rydw i'n aros. *No spotlights for Nic!* Dyna f'arwyddair i. Rhowch y rifolfer i lawr, Syr Richard. Dydy e ddim iws i chi, ddim mwy na phistol dŵr.' A'r llais yn eu hanwesu nhw o hyd—yn dyner ac yn gas yr un pryd. 'Gyda llaw, cloeau gwael sy gennych chi ar ddrysau'r tŷ yma. Roedden nhw'n agor mor rhwydd â dŵr. Ond dyna, fe fues i'n dipyn o arbenigwr gyda chloeau erioed. Beth am y rifolfer yna nawr, Syr Richard?'

'Mae'r rifolfer yma'n aros yn fy llaw, Nic Vaughan.'

'Rhyfedd clywed yr enw "Vaughan", Syr Richard. Nic Lawchwith fydd pawb yn fy ngalw i. Ond fel y gwyddoch chi, mae llaw chwith go handi gen i. O'r fan yma nawr, fe allwn i saethu twll bach crwn yn nhalcen eich merch â'r llaw chwith yma . . .'

Plygodd Morfudd ei phen yn frysiog.

Chwerthodd Nic yn gwbl ddi-hiwmor.

'Morfudd fach, peidiwch ag ofni. Fydda i ddim yn saethu —dim ond os bydd eich tad yn gwrthod taflu ei rifolfer i'r llawr. Mae yna berygl i'r chwarae fynd yn chwerw os bydd mwy nag un rifolfer yn y chwarae. Taflwch y rifolfer yna i'r llawr, Syr Richard.'

Roedd y llais yn galed a siarp nawr. Stacato fel pe bai Nic wedi dechrau blino ar chwarae â'i lygoden. Roedd e am gael yr act fach yma drosodd a hynny mor fuan ag oedd modd.

'Taflwch e i'r llawr neu fydda i ddim yn gyfrifol am beth fydd yn digwydd i'ch merch. Taflwch e i'r llawr!'

Roedd ei lais e a'i dymer yn codi.

'Na wnaf!'

Dyna ffrwydriad sydyn a sŵn byddarol. Sïodd y fwled heibio i ben Morfudd a chwalu'r drych uwchben y lle tân yn ddarnau mân ar hyd y stafell. Sgrechiodd Morfudd mewn braw sydyn. Roedd sŵn y fwled fel nodwyddau yn ei phen a'i chlustiau, ac roedd ei chalon ar garlam unwaith eto.

'Mae pum bwled arall yn y tegan yma,' meddai Nic wedi i'r sŵn dawelu yng nghlustiau pawb. 'Oes rhaid i mi ddefnyddio bwled arall?'

'Na! Na!' gwaeddodd Morfudd. 'Taflwch y rifolfer i lawr, nhad.'

'O'r gorau, Morfudd. Cystal i ni wybod nawr beth sy ym meddwl y dihiryn yma.'

Disgynnodd y rifolfer ar garped y stafell.

5. BARGEN UNOCHROG

'Rydych chi'n gall iawn, Syr Richard,' meddai Nic o'r drws.
'Nawr fe alla i ddod i mewn i'r stafell. A Ben hefyd. Mae e
wrth y ffenest.'

Fe gododd Nic ei lais.

'Fe allwch chi ddod i mewn nawr, Ben.'

Fe ddaeth llais mawr Ben yn ateb o'r ffenest.

'O'r gorau. Rydw i'n dod.'

Dyna ddaeargryn wedyn. O leia, fe gredai Syr Richard
a Morfudd fod daeargryn yn digwydd. Doedd Ben ddim mor
handi ar agor cloeau ag oedd Nic. Roedd e'n dibynnu mwy
bob amser ar nerth ei ysgwyddau a'i ddyrnau mawr nag ar
ei ymennydd. A nawr fe roiodd e ei ysgwydd yn erbyn y
ffenest fawr a gwthio â'i holl nerth. Fe ddrylliodd y clo ac
fe ddaeth Ben yn bendramwnwgl trwy'r ffenest a'r llenni i
mewn i'r stafell. Safodd e'n hurt ar ganol y llawr heb allu
gweld dim yn iawn.

Fe chwythodd awel oer drwy'r stafell ac fe neidiodd y
fflamau yn y grât.

'Nic! Nic! Ble rydych chi?' meddai Ben yn ei ddryswch.

'Sefwch lle rydych chi, Ben,' daeth llais Nic. 'Rydw i
wrth y drws. Chithau, Syr Richard, peidiwch â symud! Mae'r
tegan yma'n anelu'n syth at eich merch.'

'Yr ergyd yna, Nic. Dydych chi ddim wedi saethu un
ohonyn nhw cyn i ni gael yr arian?'

Arian? Fe ddeallodd Syr Richard ar unwaith. Roedd eisiau
arian arnyn nhw. Fe ruthrodd pob math o syniadau drwy ei
feddwl e, ond y cryfa oedd y syniad eu bod nhw wedi dod
i gidnapio Morfudd, ac yna, gofyn pris cyn ei rhyddhau hi.
Caeodd ei ddyrnau'n dynn.

'Twt, na! Dydw i ddim wedi saethu neb. Dim ond codi
ofn ar Syr Richard yma. O, na! Thâl hi ddim i ni saethu

neb eto. Caewch y ffenest yna, Ben, a thynnu'r llenni. Mae yna ddrafft yn chwythu drwy'r lle yma, a dydw i ddim wedi arfer â drafft ar ôl bod yn y "tŷ mawr" am ddeng mlynedd.'

Fe ufuddhaodd y Cawr. Yna fe aeth Nic ymlaen,—

'Nawr, chi, Syr Richard, eisteddwch yn y gadair wag acw, ac wedyn fe alla i ddod i mewn i'r stafell—yn nes at y tân; mae hi'n ddigon oer wrth y drws yma. A dim triciau. Cofiwch fod rifolfer yn fy llaw o hyd. Un cam gwag, ac fe fydd eich merch yn gorff.'

Roedd awdurdod yn llais Nic—awdurdod a hyder y buddugol yn y frwydr, a fe oedd y buddugol yn y frwydr yma. Fe wyddai Syr Richard yn ddigon da mai ofer oedd iddo fe ddadlau. Fe wyddai fe y byddai Nic cystal â'i air. Roedd e'n ddigon o gythraul i saethu mewn gwaed oer. Eisteddodd Syr Richard yn y gadair wag.

Fflachiodd golau sydyn drwy'r stafell a gorffwys ar wyneb Syr Richard gan ei ddallu fe bron. Fe gododd ei fraich i gysgodi ei lygaid.

'Tynnwch eich braich i lawr i mi gael gweld eich wyneb hardd chi yng ngolau'r fflach yma,' meddai Nic. 'Digon gwelw nawr, rydw i'n siŵr.'

Fe ddaeth Nic i mewn i'r stafell gan ddal ei olau ar Syr Richard o hyd, a sefyll naid oddi wrtho.

'Nawr te, ymlaen â'r busnes,' meddai Nic, yn union fel pe bai e'n agor pwyllgor i godi arian i fynd â phlant y pentre i ddŵr y môr.

'Ydy'r rhaffau gennych chi, Ben?' meddai fe wedyn.

'Ydyn,' atebodd y mawr.

'Rhaffau?' gofynnodd Syr Richard. 'I beth?'

'I'ch rhwymo chi, wrth gwrs,' atebodd Nic.

'Does neb yn mynd i fy rhwymo i.'

'Caewch eich ceg. Does dim dewis gennych chi. Y rhaff amdano fe, Ben.'

Fe neidiodd Syr Richard ar ei draed, ond roedd fflach-lamp Nic yn ei ddallu. O'r tywyllwch y tu allan i'r paladr golau, fe symudodd rhywbeth yn gyflym, gyflym. Dwrn Ben. Dwrn fel gordd. Disgynnodd Syr Richard fel sach i'r llawr.

'Nhad!' gwaeddodd Morfudd a neidio at ei gorff llonydd.
'Rydych chi wedi ei ladd e! Nhad! Nhad!'

Ond doedd dim ateb.

Cododd Morfudd a rhuthro at Ben gan ei daro a'i gicio.
Chwerthodd Ben a'i chymryd hi yn ei freichiau mawr a'i
gwasgu hi ato fe, ei gwasgu a'i gwasgu nes gwasgu'r gwynt
ohoni bron, a'i gadael hi'n llipa yn ei freichiau.

'Neis!' meddai Ben.

Doedd arno fe ddim awydd ei rhoi i lawr o gwbl, ond y
foment y llaciodd e ei freichiau, dyna hi fel teiger unwaith
eto.

'Aros di, merch i! Mae rhaid dy rwymo di. Nic! Dewch
i helpu.'

Fe ddaliodd Ben hi'n dynn yn ei freichiau—a chael pleser
yn y dal. Fe ddododd Nic ei olau i lawr a helpu Ben i'w
rhwymo hi law a throed.

'Rhowch hi i lawr nawr, Ben,' gorchmynnodd Nic.

Fe blannodd Ben gusan swnllyd ar ei gwefusau hi. Fe
wingodd Morfudd drwyddi.

'Rhowch hi i lawr,' sgrechiodd Nic yn wyllt ei dymer.
'Digon o amser i bethau fel yna rywbryd eto. Mae gwaith
gennyn ni nawr. Fe fydd yr hen ddyn yn dod ato'i hun yn
fuan. Rydyn ni wedi bod yn y tŷ yma'n rhy hir yn barod.'

Fe ddododd Ben hi ar ei heistedd yn y gadair ac yna fe
dynnodd ei law yn dyner—yn ôl ei syniadau fe—dros ei boch.
Fe ddaeth awydd taflu i fyny dros y ferch.

Fe droiodd Nic ei olau unwaith eto ar y tad.

'Edrychwch arno fe, Ben. Ydy e'n dod ato'i hun eto?'

Fe gydiodd Ben yng ngwallt Syr Richard a chodi ei ben,
yn union fel pe bai e'n codi meipen.

'Dim argoel eto,' meddai Ben a gadael i'r pen syrthio'n
ôl ar y carped.

'O'r gorau. Mae eisiau ei rwymo fe hefyd. Y rhaff arall,
Ben.'

Mewn byr amser roedd y rhaff yn dynn am gorff a choesau
a dwylo Syr Richard.

'Ewch i nôl glasaid o ddŵr,' meddai Nic wedi gorffen y
gwaith.

'Dim golau,' atebodd Ben.

'O'r gorau, fe â i. Os daw e ato'i hun, eisteddwch ar ei ben e. A chadwch chi oddi wrth y ferch yna.'

Chwerthodd Ben nes bod ei fola mawr e'n ysgwyd, ac fe aeth Nic i nôl y dŵr.

Fe droiodd Ben ar unwaith at Morfudd.

'Ydych chi'n gwybod beth sy'n mynd i ddigwydd nawr?'

Ond doedd ar Morfudd ddim awydd gwybod. Fe deimlai hi'n llesg a llipa a'i nerth hi i gyd wedi mynd. Roedd holl ddigwyddiadau'r nos yn gawdel yn ei meddwl. Doedd y pethau yma ddim yn digwydd iddi hi. Doedd ei thad ddim yn gorwedd fel corff fan acw; doedd hithau ddim wedi ei rhwymo fel dafad yn barod i'r gyllell. Fe fyddai hi'n deffro cyn bo hir o'r hunllef yma. Ond dyna lais y dyn mawr unwaith eto.

'Ydych chi'n gwybod . . .'

Na, nid hunllef oedd hyn. A dyna olau fflach Nic yn dod yn ôl. Fe grynodd Morfudd fel pe bai'r dwymyn arni.

Fe ddaeth Nic i mewn i'r stafell gan oleuo'r ffordd yn ofalus o'i flaen. Na, roedd pawb a phopeth yn yr un man. Roedd Syr Richard yn gorwedd yn yr un lle ar y llawr.

'Ydy e wedi dod ato'i hun?' gofynnodd Nic.

'Nac ydy, ddim eto,' atebodd Ben.

'O'r gorau. Troiwch e ar ei gefn.'

Fe droiodd Ben e ar ei gefn.

'Fe gawn ni weld beth wnaiff y dŵr oer yma iddo fe.'

Fe dasgodd Nic gwpanaid o ddŵr oer yn wyneb Syr Richard.

Fe wingodd Syr Richard ac ysgwyd ei ben. Fe ddaliodd Nic ei olau yn ei wyneb e. Dyma'r llygaid yn araf agor, a chau ar unwaith yng ngolau cryf y fflach.

'Ydy, mae e'n dod ato'i hun. Rhowch e i eistedd yn erbyn y gadair acw. Fe all e wrando'n well wedyn.'

Fe lusgodd Ben e at y gadair.

'Nawr te, Syr Richard Puw. Mae rhywbeth gen i i'w ddweud wrthoch chi. Ydych chi'n cofio'r diwrnod hwnnw ddeng mlynedd yn ôl a'r barnwr yna fel pwdin ar ei fainc yn pregethu wrth Ben a fi? Ydych chi'n cofio'i bregeth e? Ydych chi'n cofio hefyd beth ddwedodd e amdanoch chi? Oni bai amdanoch chi, fe fyddai Ben a fi wedi dod yn rhydd? Ydych chi'n gwrando?'

Roedd llygaid Syr Richard ynghau. Fe drawodd Nic e ar draws ei wyneb.

'Ydych chi'n cofio? E? Chi a'r barnwr tew yna oedd yn ben y diwrnod hwnnw. Ond mae pethau wedi newid nawr. Nawr, gwrandewch! Rydyn ni'n mynd â'ch merch chi gyda ni, ac os ydych chi am ei chael hi'n ôl yn ddianaf, mae rhaid i chi dalu.'

'Pum mil o bunnoedd,' meddai Ben ar ei draws.

'Caewch chi eich ceg,' meddai Nic yn fyr ei dymer. 'Fi sy'n siarad nawr. Rydych chi wedi clywed, Syr Richard Puw. Os ydych chi am gael eich merch yn ôl, mae rhaid i chi dalu pum mil o bunnoedd. Wel, fe fydd hynny'n ddechrau. Rydyn ni am eich gwasgu chi nes eich bod chi'n gweiddi am drugaredd. Chawson ni ddim trugaredd gennych chi a'r pwdin tew o farnwr. Chewch chithau ddim trugaredd gennyn ni.'

'Chewch chi ddim un geiniog gen i,' atebodd Syr Richard yn ddigon dewr.

'O, cawn . . .'

'Fe fyddwn ni'n taflu'r ferch yma i'r dociau . . .' dechreuodd Ben.

'Caewch eich ceg,' meddai Nic eto. 'Fi sy'n siarad. A gwrandewch eto, Syr Richard Puw. Gwrandewch yn ofalus. Dyma beth mae rhaid i chi ei wneud. Yfory am hanner awr wedi saith yn y bore, fe fydd Marged, eich *housekeeper* ffyddlon, yn dod yma i baratoi eich brecwast ac yn y blaen. Fel y gwelwch chi, rydyn ni'n gwybod yn iawn sut mae'r tŷ yma'n cael ei redeg. Rydyn ni wedi bod yn astudio'r lle'n ofalus ers dyddiau lawer. Wel, te, fe ddaw Marged yma am hanner awr wedi saith. Fe gaiff hi sioc, wrth gwrs, pan welith hi chi ar lawr fel twrci Dolig. Fe dorrith hi'r rhaff yma ac fe fyddwch chi'n rhydd. A dyma beth mae rhaid i chi ei wneud wedyn . . .

'Pan fydd y banc yn agor yn y bore, fe ewch chi yno a chodi pum mil o bunnoedd . . .'

'Ie, pum mil o bunnoedd . . .' meddai Ben, fel eco i'w feistr.

'Pum mil o bunnoedd, wir!' meddai Syr Richard. 'Siaradwch sens, da chi. Fe fyddwch chi'n ôl yn y carchar ar fyr o dro.'

'O, na. Rydyn ni wedi trefnu hyn i gyd ac wedi paratoi'n ofalus. A chofiwch, mae nifer o ffrindiau gennyn ni yn y dre yma. Ac os digwyddith rhywbeth i ni, fe fydd y ffrindiau yma'n gofalu na chewch chi fyth lonydd. Pe baen nhw'n cael eu ffordd, fe fydden nhw wedi cerfio'u henwau ar wyneb eich merch cyn hyn. Dydych chi ddim yn deall, Syr Richard, pa mor . . . ym . . . garedig ydy Ben a fi.'

Fe chwerthodd Ben a'i fola'n ysgwyd fel jeli.

'I fynd ymlaen â'r stori, Syr Richard. Y tu allan i'ch banc chi—fe welwch chi gymaint rydyn ni'n gwybod amdanoch chi—y tu allan i'r banc mae yna ddyn yn gwerthu papurau. Yfory fe fydd dyn gwahanol yno. Dyn mawr cryf fel tarw . . .'

Chwerthodd Ben . . .

'Fe fydd bag papurau-newydd ganddo fe ar ei ysgwydd. Fe fydd pum mil gennych chi yn barsel bach handi'n dod allan o'r banc. Fe ewch chi at y dyn gwerthu papurau. Fe brynwch bapur ganddo fe, ac ar yr un pryd, fe fyddwch chi'n llithro'r parsel bach i mewn i fag y dyn papurau. Ydych chi'n deall?'

'Deall? Hy! Rydych chi'n siarad drwy eich het.'

'Fe fydd yn well i chi wneud neu fyddwn ni ddim yn gyfrifol am beth fydd yn digwydd i Morfudd yma.'

'Y cŵn!'

'Wnaiff enwau drwg mo'ch helpu chi. Fe wnewch chi hyn yn union am un-ar-ddeg o'r gloch.'

'Chewch chi ddim un geiniog gen i.'

'Wel, Syr Richard Puw, os na fyddwch chi'n cario allan beth rydw i wedi ei ddweud wrthoch chi, dyn a ŵyr beth ddigwyddith i'ch merch. Dyn ofnadwy ydy'r Ben yma, er enghraifft. Neu efallai y byddan nhw'n codi corff merch ifanc landeg o'r doc ryw ddiwrnod, neu efallai y dowch chi ar draws bwndel di-lun, di-siâp ar garreg eich drws ryw fore. Eich merch chi fydd y bwndel.'

'O, nhad!' griddfanodd Morfudd o'i chaethiwed yn y gadair arall.

'Feiddiech chi ddim,' ebe'r tad.

'Fe feiddiwn i unrywbeth i dalu'r pwyth yn ôl i chi, Richard Puw. A nawr, dyna'r fargen. Pum mil o bunnoedd am un-ar-ddeg yfory ac fe gewch chi eich merch yn ôl . . . am y tro beth bynnag. Os na chawn ni'r pum mil, wel . . . rhyngoch chi a'ch busnes wedyn. Efallai nad ydych chi ddim yn meddwl ei bod hi'n werth pum mil. O edrych arni hi, fe ddwedwn i ei bod hi . . .'

'Y cnafon cythreulig!'

'A nawr, mae'n bryd i ni fynd. Cofiwch am y pum mil, Syr Richard, a'r dyn gwerthu papurau. Ac wrth gwrs, ddwedwch chi ddim un gair wrth y polîs am hyn. Duw a'ch helpo chi a'r ferch yma, os gwnewch chi. Dim un gair, cofiwch!'

Fe droiodd Nic at Ben.

'Gwell i ni stwffio rhywbeth yng ngheg y ferch yma, Ben. Does arnon ni ddim eisiau iddi hi weiddi dros y lle pan fyddwn ni allan ar yr heol. Os rhywbeth gennych chi?'

'Oes.'

Fe rwymodd Ben hen hances dros geg Morfudd.

'Dyna ni,' meddai Nic. 'Piti eich bod chi'n byw mewn tŷ mor unig ac ar ei ben ei hun, Syr Richard. Dyna beth sy'n dod o fod yn gyfoethog . . . ar draul pobl fel fi. Rydych chi wedi gwneud ein gwaith ni'n hawdd. Nawr pe baech chi wedi aros yn y tŷ bach yn Abergerwyn . . . wel, fe fyddai pobl yn byw drws nesa, ond does dim drws nesa yma. Da boch chi nawr. Ben! Cydiwch yn y bwndel yna, a byddwch yn ofalus. Mae hi'n werth pum mil o bunnoedd.'

'*First instalment,* ie, Nic?'

'*First instalment,* Ben. Cydiwch ynddi hi, a ffwrdd â ni.'

Fe gododd Ben y ferch a'i thaflu hi dros ei ysgwydd mor rhwydd â chario bwndel o ddillad golchi.

'Fe gewch chi dalu am hyn!' gwaeddodd Syr Richard.

'Na, chi sy'n talu,' atebodd Nic. 'Pum mil o bunnoedd . . .
am un-ar-ddeg o'r gloch.'

Fe ymladdodd Syr Richard yn erbyn ei raffau, ond yn
gwbl ofer. Roedd Nic a Ben wedi gwneud eu gwaith yn dda.
Diflannodd y tri drwy'r drws gwydr. Yna, fe glywodd Syr
Richard gar yn cychwyn bellter o'r tŷ. Fe beidiodd y sŵn yn
fuan ac roedd tawelwch mawr ond am dipian di-stop y cloc
ar y silff ben-tân a sŵn y fflamau yn y grât . . .

6. INSPECTOR MORDECAI

THREULIODD Syr Richard erioed noson mor ofnadwy â'r noson honno. Fe ymladdodd e'n galed yn erbyn y rhaffau am amser nes bod pob asgwrn yn ei gorff yn brifo. Oedd, roedd y dihirod wedi gwneud gwaith da ar y rhaffau. Fe waeddodd gan obeithio y byddai rhywun o fewn cyrraedd. Ond roedd y tŷ'n rhy bell o'r ffordd fawr i neb ei glywed e. Ac arno fe ei hunan roedd y bai am y cwbl. Roedd Inspector Mordecai wedi dweud yn bendant y dylai fe gael dyn o gwmpas y tŷ bob nos, ond freuddwydiodd Syr Richard ddim y byddai Nic a Ben yn mentro i'r tŷ i gario allan eu gwaith brwnt.

A nawr doedd dim y gallai fe ei wneud, dim ond aros am y bore a'i feddwl yn llawn o ofnau o bob math. Roedd y dihirod wedi sôn am y dociau. Oedden nhw wedi mynd â Morfudd i lawr yno. Beth fydden nhw'n ei wneud â hi yno? Fe allai fe weld yn ei ddychymyg wyneb Morfudd yn welw a llonydd ar wyneb y dyfroedd brwnt yn un o'r dociau. Griddfanodd yn ei ing. A'r Ben yna! Anifail oedd e. Fe redai dychymyg Syr Richard ar garlam, ac fe chwysai wrth feddwl beth y gallai'r bwystfil yna ei wneud.

Yn araf, araf âi'r amser. Roedd y cloc, oedd fel arfer mewn cymaint o ffwdan yn tipian yr oriau heibio, yn llusgo nawr o eiliad i eiliad, o funud i funud, o awr hir i awr hir.

Fe ddiffoddodd y tân o'r diwedd ac fe grynai Syr Richard gan yr oerfel; crynu a chwysu hefyd gan ei ofn am ei ferch.

Am hanner awr wedi saith fe ddaeth Marged at ei gwaith. Fe ddododd hi ei hallwedd yn nhwll y clo. Bobol annwyl! Roedd y drws ar agor! Syr Richard eto. Roedd e wedi anghofio cloi'r drws. Fe aeth Marged i mewn yn llawen. Fe ddododd ei bys ar fotwm y golau. Hy! Dim golau. Rhyfedd hefyd! Roedd y golau ymlaen yn y dref. Ffiws wedi torri,

siŵr o fod. Ond eto . . . fe ddaeth rhyw ofn sydyn i'w chalon.
Fe agorodd hi ei bag. Roedd fflach fach yno ganddi hi. Ust!
Roedd rhywun yn galw!

'Marged! Marged!'

'Syr Richard!'

'Rydw i yn y parlwr mawr. Dewch yma ar unwaith.
Dewch . . . Dewch!'

'Rydw i'n dod . . . nawr . . . dim ond cael gafael ar y fflach
yma yn fy mag. Does dim golau . . . Dyma hi'r fflach. Rydw
i'n dod, syr.'

Brysiodd Marged i'r parlwr a golau bach ei fflach yn
dangos y ffordd.

'Ble rydych chi, syr?'

'Ar y llawr wrth y gadair yma, Marged.'

Fe droiodd hi ei golau ar y gadair.

'Syr Richard!'

Fe fu bron iddi hi farw o sioc. Syr Richard yn rhwym
mewn rhaffau! Rhuthrodd ei meddwl hi at Morfudd.

'Morfudd! Morfudd! Ble mae Morfudd!'

'Mae dau ddihiryn wedi bod yma yn ystod y nos a'i
chidnapio hi!'

'Dau ddihiryn . . . cidnapio . . . Druan fach! Ble mae hi?
O, druan fach! O, Syr Richard!'

'Tynnwch y rhaffau yma nawr, Marged. Rydw i wedi bod
yn gorwedd yma drwy'r nos.'

'Fe â i i nôl cyllell . . .'

Fe dorrwyd y rhaffau ac fe ddaeth Syr Richard yn rhydd.
Poenus oedd symud wedyn ac yntau wedi treulio'r oriau
maith yn rhwym ac yn ei unfan. Ond poenus neu beidio,
roedd rhaid iddo fe fynd at y polîs ar unwaith—waeth beth
roedd Nic wedi ei fygwth.

'Rydw i'n mynd at y polîs ar unwaith, Marged. Mae rhaid
i mi gael y car allan . . .'

'Beth am ffonio, Syr Richard?'

'Mae'r dihirod wedi torri'r wifren neu rywbeth. Rhowch
eich fflach i mi, os gwelwch chi'n dda.'

'O'r gorau, Syr Richard. Mae canhwyllau gen i yn y gegin. O, Morfudd fach! Be wnawn ni!'

'Peidiwch ag ofni, Marged. Fe ddown ni o hyd iddi hi'n fuan . . . gobeithio.'

Fe lusgodd Syr Richard i'r garej a'r poenau'n saethu trwy ei freichiau a'i goesau, a thrwy ei gorff i gyd . . . o'i ben i'w draed . . .

Ymhen deng munud roedd Syr Richard yn Swyddfa'r Heddlu yng Nghaerolau. Wrth lwc, roedd ei gyfaill, Inspector Mordecai, yno. Pan welodd e'r olwg oedd ar Syr Richard, fe neidiodd e o'i gadair mewn braw.

'Richard!' meddai fe a'i lygaid yn fawr yn ei ben.

'Nic Lawchwith a Ben . . . maen nhw . . .'

Fe ffrwydrodd ei stori o wefusau Syr Richard.

'Nefoedd!' meddai Inspector Mordecai wedi iddo fe orffen. 'Arhoswch nawr. Fe fydd pob plismon yn y dref a'r sir ar ôl y ddau ddihiryn yma mewn byr amser. Y car oedd ganddyn nhw. Fe glywsoch chi'r car . . . Oes syniad gennych chi sut gar oedd e?'

'Fe glywais i'r car ond roedd e bellter o'r tŷ . . . ond rydw i'n siŵr mai car mawr oedd e.'

'Ydych chi wedi cael rhywbeth i'w fwyta, Richard?'

'Does arna i ddim eisiau bwyd.'

'Rhywbeth i'w yfed tra bydda i wrth y ffôn yma . . . rhywbeth cryfach na the na choffi . . .'

Fe ganodd e'r gloch oedd ar y ddesg wrth ei benelin. Fe ddaeth plismon i mewn.

'Mynnwch botelaid o whisgi rywle-rywle . . . a dewch â hi yma ar frys. Ac mae car Syr Richard y tu allan. Symudwch e o'r golwg. Mae'n goleuo y tu allan nawr. Allwedd eich car, Syr Richard, os gwelwch chi'n dda?'

'Yn y car,' atebodd Syr Richard . . .

Y munudau nesa roedd Inspector Mordecai'n brysur iawn ar y ffôn yn rhoi ei orchmynion i'w heddlu . . . Wedi iddo fe orffen, fe droiodd at Syr Richard unwaith eto.

'Mae rhaid i chi fynd i'r banc y bore yma, ond fe gawn ni air ar y ffôn gyda'r rheolwr yn gynta . . .'

7. Y DYN GWERTHU PAPURAU-NEWYDD

MAE Heol y Maer yng Nghaerolau yn stryd brysur iawn a'r traffig yn mynd a dod drwy gydol y dydd. Hi ydy prif stryd y dre ac yno mae'r siopau mawrion—y *super stores* a'r tebyg. Mae dwy neu dair sinema yn y stryd hefyd, ac yno mae cangen o Fanc Morgannwg. Adeilad hardd, solet ydy'r banc a'i gadernid yn warant bod pob dimai sy'n mynd dros y cownter yn ddiogel yno.

Ar fore'r stori yma roedd dyn yn sefyll y tu allan i'r Banc yn gwerthu papurau newydd. Roedd e'n ddyn mawr, cryf ac ysgwyddau fel tarw ganddo fe. Roedd ei wyneb a'i ddillad e'n frwnt a thwf deuddydd neu dri o farf bigog ar ei wyneb. Roedd ei het i lawr dros ei lygaid a choler ei gôt fawr yn cuddio'i glustiau a'i wegil. Roedd eisiau côt fawr a choler uchel ar ddyn i'w amddiffyn yn erbyn gwynt oer y bore hwn, ond efallai nad oerni'n unig oedd yn peri i'r dyn guddio cymaint ohono'i hun. Fe symudai fe o un droed i'r llall i'w gadw'i hun rhag rhewi. Roedd bag papurau newydd ganddo fe dros un ysgwydd a phapur newydd neu ddau yn ei ddwylo.
'Eco! Eco!' meddai'r dyn yn ei lais dwfn.
Prin y byddai neb yn nabod Ben wrth ei waith newydd, ond roedd e'n ddigon adnabyddus i'r ddau ddyn tal oedd yn loetran wrth ffenest siop fawr yr ochr arall i'r stryd . . .

Fe ddechreuodd cloc mawr y dre daro'r awr a'i sŵn i'w glywed dros sŵn y ceir a'r bysiau. Un . . . dau . . . tri . . . pedwar . . . un-ar-ddeg . . . ac fel roedd eco'r trawiad ola'n crynu dros doeau'r dre, fe safodd *Landrover* ryw ddwy lath neu dair oddi wrth ddrws y banc. *Landrover* y Comisiwn Coedwigo oedd hwn yn amlwg wrth y sgrifen oedd arno. Roedd y shyters i gyd i fyny yn erbyn y tywydd, a phrin y gallai rhywun weld y dyn bach wrth yr olwyn, ond roedd ei lygaid e'n fyw yn ei ben, a'i geg yn un llinell greulon ar draws ei wyneb. Fe edrychodd e'n frysiog o'r naill ochr i'r stryd i'r llall. Fe welodd e'r ddau ddyn tal wrth ffenest y siop. Fe welodd e hefyd y car mawr cyflym wrth y pafin, ond wrth lwc, doedd e ddim yn wynebu i'r un cyfeiriad. Doedd dim llawer o ddiddordeb gan y dynion yn nwyddau'r siop y foment honno. Roedden nhw'n astudio'r *Landrover* â diddordeb mawr!

'Diawl!' meddai Nic. 'Fe gaiff y bar-gyfreithiwr yna dalu am hyn. A ble mae e â'r arian yna?'

Doedd dim rhaid iddo fe ofyn rhagor oherwydd dyna Syr Richard yn cerdded allan o'r banc. Roedd parsel taclus ganddo fe yn ei law. Fe safodd e y tu allan i'r banc. A! Dyma ddyn yn gwerthu papurau newydd. Roedd arno fe eisiau papur. Cerddodd at y dyn a gofyn am un, ond beth oedd yn digwydd i'r parsel bach taclus? Un eiliad roedd e yn llaw Syr Richard, a'r eiliad nesa roedd e wedi diflannu . . .

Fe ddaeth gwên fach i wyneb Nic—fe laciodd llinell greulon ei geg am hanner eiliad. Fe roiodd e gip ar y dynion yr ochr arall i'r ffordd. Roedden nhw'n dechrau croesi'r heol. Llithrodd y *Landrover* ymlaen ddwy lath. Estynnodd Nic ac agor y drws wrth y pafin.

'Dewch, Ben. Mae'r traed mawr wedi gweld popeth.'

Neidiodd Ben i mewn gyda'i fag a'i bapurau, a chau'r drws. Neidiodd y *Landrover* ymlaen yn gwbl ddi-hid o bawb a phopeth.

'Ble maen nhw?' gofynnodd Ben.

'Yr ochr arall i'r heol. Ond mae eu car nhw'n wynebu'r ffordd arall. Allwch chi weld rhywbeth?'

Troiodd Ben rownd.

'Maen nhw'n neidio i mewn i'w car. Ond mae yna fws rhyngon ni a nhw nawr.'

'Mae siawns gennyn ni felly,' meddai Nic ac fe wasgodd ei droed yn drwm ar y sbardun. 'Fe gymeran nhw dipyn o amser i droi.'

'Fe ân nhw rownd trwy Heol Daf a Ffordd Winston.'

'Ac fe drown ni i'r chwith i lawr Heol y Brenin. Gobeithio y bydd y goleuadau'n iawn ar ben y stryd.'

Oedd, roedd y goleuadau'n iawn. Fe ruthrodd y *Landrover* ymlaen fel injan dân yn union ar ganol y ffordd a phawb yn sefyll yn geg agored wrth ei weld. Fe neidiodd plismon i'r heol unwaith i stopio'r *Landrover* ond fe welodd e'n fuan mai gwell oedd iddo beidio ag aros yno!

'Fe arafwn ni wedi troi'r cornel nesa,' meddai Nic. 'Rydyn ni'n tynnu gormod o sylw fel hyn.'

Fe aeth y *Landrover* rownd y cornel ar ddwy olwyn ac yna arafu—ond dim ond ychydig.

'Ble 'r awn ni nawr?' gofynnodd Ben. 'Rydych chi'n gyrru i ffwrdd oddi wrth y dociau.'

'Allwn ni ddim mynd i lawr i'r llong nawr. Fe awn ni allan i'r wlad. I'r Dafarn Goch.'

'Wrth gwrs, i'r Dafarn Goch. Fe allwn ni guddio gyda Sam.'

'Os cyrhaeddwn ni yno. Mae'n siŵr bod pob gwifren deliffon yn y dre yma'n boeth y funud yma. Ond dwy neu dair munud eto ac fe fyddwn ni allan yn y wlad . . . os na fydd dim *speed cops* o gwmpas. Ond fe gân nhw dipyn o drafferth i'n dilyn ni ar hyd heolydd y wlad. Cadwch eich llygaid ar y cefn yna.'

Ymlaen, ymlaen yr âi'r *Landrover* gan basio popeth ar olwynion. Roedd rhai gyrwyr yn codi eu dyrnau ac eraill yn rhegi'n huawdl. Ond doedd waeth gan Nic am neb. Roedd ei groen ei hun mewn peryg. Ac roedd pum mil ganddo fe . . . wel, gan Ben yn ei fag . . .

'I'r dde wrth y cornel nesa ac fe fyddwn ni allan yn y wlad,' meddai Nic toc. 'Oes rhywun yn dilyn?'

'Nac oes,' atebodd Ben.

'O'r gorau.'

Fe sgrechiodd y teiers mewn protest fel roedd y *Landrover* yn troi o'r heol fawr.

'Fe fyddwn ni yn y Dafarn Goch yn fuan nawr,' meddai Nic. 'Fe allwn ni fynd â'r *Landrover* i mewn i'r iard. Fe fyddwn ni'n ddiogel yno . . .'

8. YN Y DAFARN GOCH

O'R diwedd fe ddaeth y Dafarn Goch i'r golwg. Fe safai hi ar ei phen ei hun heb na thŷ na thwlc yn agos ati. Hen, hen le oedd y dafarn gollodd ei thrwydded i werthu diodydd ers llawer, llawer dydd. Ond ar un adeg, yn nyddiau coets a chart a cheffyl, roedd hi'n ddigon prysur achos ei bod hi hanner y ffordd rhwng Caerolau a Chasfynwy. Ond pe baech chi'n astudio'r ffordd yn ofalus nawr, fe welech chi olion llawer lori, ond prin y gwelech chi lori'n aros yno yng ngolau dydd. Fe ddeuen nhw i ddadlwytho a mynd dan gysgod nos, ac roedd llawer o bethau gwerthfawr yn gorffwys yn siediau Sam Slei, perchen y lle. Ac wedyn fe fyddai Sam yn prysur fynd o gwmpas gyda'i fan fach, a Sam yn esgus gwerthu menyn ac wyau a'r pethau roedd e'n eu casglu o'r ffermydd o gwmpas. Oedd, oedd; roedd e'n gwerthu menyn ac wyau, ond mwy gwerthfawr oedd y pethau 'dan y cownter' fel petai.

'Dyma ni,' meddai Nic. 'Mae drws yr iard ynghau, Ben. Ewch i'w agor e.'

Fe safodd y *Landrover* ac fe neidiodd Ben allan a rhedeg i agor y drws mawr i mewn i'r iard. Ond roedd y drws ynghlo. Fe aeth Ben ar unwaith at ddrws ffrynt y dafarn, ac i mewn ag e.

'Sam! Sam Slei! Ble rydych chi?' gwaeddodd Ben a'i lais yn atseinio drwy'r lle. Doedd fawr o ddodrefn yn y dafarn honno, nac unrhyw beth yn cuddio'r lloriau cerrig.

'Sam! Ble rydych chi?'

Fe ddaeth llais bach cryglyd o stafell gefn.

'Pwy sy 'na?'

A dyna berchen y llais yn dod i'r pasej. Sam ei hunan. Dyn bach crwn oedd Sam ac roedd yn amlwg nad oedd e'n

36

rhy hoff o ddŵr a sebon. Rhyfedd bod pobl yn prynu dim ganddo fe.

Fe safodd Sam yn stond pan welodd e'r dyn mawr yn llanw'r pasej bron.

'Ben y Cawr! Chi eto? Beth rydych chi'n ei wneud yr wythnos yma eto?'

'Sbïo'r tir roedden ni'r wythnos ddiwetha. Cadw'r cysylltiad ar ôl deng mlynedd. Clywch! Mae'r *Landrover* gennyn ni y tu allan. Dewch i agor drws yr iard . . . ac ar unwaith. Does dim amser i glebran.'

'Pwy sy gyda chi?'

'Nic, wrth gwrs.'

Gwelwodd Sam.

'Nic! Beth sy arno fe ei eisiau eto?'

'Gwrandewch! Does dim amser i glebran. Dewch i agor y drws yna.'

'Y? Be sy'n bod? Ydy'r polîs ar eich ôl chi?'

'Ydyn. Mae rhaid i ni ddiflannu am ddiwrnod neu ddau.'

'Dydych chi ddim yn diflannu yma . . . Does arna i ddim eisiau'r polîs o gwmpas y lle yma.'

'Nac oes, mi wn, ac felly mae'n well i chi symud.'

Fe gydiodd Ben yng ngwegil y dyn bach crwn a'i wthio fe o'i flaen drwy ddrws y cefn ac ar draws yr iard. Roedd bolltau cryf ar y drws. Fe dynnodd Ben y bolltau ac fe ddaeth Nic â'r *Landrover* i mewn. Caeodd Ben y drws ar ei ôl a'i folltio.

'Fe fuoch chi'n ddigon hir yn agor y drws,' meddai Nic yn gecrus.

'Sam oedd yn gwrthod agor.'

'E? Roeddech chi'n gwrthod agor, Sam?'

Fe droiodd Nic a'i lygaid yn fflamio at y dyn bach tew.

'Edrychwch chi yma, os nad oes arnoch chi eisiau i'r lle yma fynd yn fwg uwch eich pen chi, mae'n well i chi wneud beth rydw i'n ei ddweud wrthoch chi. I mewn i'r tŷ acw, ac ar unwaith.'

Nid dyn i'w groesi oedd Nic pan oedd e mewn tymer. Roedd Sam yn gwybod hynny'n eitha da o'r dyddiau cyn iddo fe a Ben fynd i garchar. Ac yn siŵr ddigon, doedd y carchar wedi gwella dim arno fe.

Fe droiodd Sam a brysio â chamau bychan doniol fel hwyaden am y tŷ.

'I un o'r stafelloedd ffrynt,' meddai Nic.

Ac wedi cyrraedd yno, meddai fe wedyn, 'Sefwch chi wrth y ffenest, Ben. Fe allwch chi weld yr heol o'r ffenest. A thynnwch y bag yna oddi ar eich ysgwyddau, a rhowch y parsel i mi. Rydych chi'n edrych fel rhyw bostmon Nadolig.'

Fe dynnodd Ben y parsel o'r bag. Llyfodd ei wefusau.

'Ydych chi'n gwybod beth sy yn hwn?' gofynnodd Ben i Sam.

'Caewch eich ceg,' meddai Nic.

Ond doedd dim tewi ar Ben.

'Pum mil o bunnoedd,' broliodd Ben.

'O, caewch eich ceg, y ffŵl.'

'Pum mil o bunnoedd?' Roedd Sam yn glustiau i gyd. 'Ble? Sut? Ble cawsoch chi'r arian?'

'Syr Richard Puw,' meddai Ben.

'Syr Richard . . . Fe oedd y dyn yrrodd chi i'r carchar!'

Roedd hynny'n ddigon i Sam. Roedd digon o ddychymyg ganddo fe i roi dau a dau wrth ei gilydd.

'Ei ferch e!' meddai Sam.

'Ie, rydyn ni wedi ei chidnapio hi.'

'Ben, y ffŵl! Rydych chi'n dweud gormod.'

Roedd Nic wedi gwylltu, ond roedd Ben wrth ei fodd nawr. *Fe* oedd ar y llwyfan ac arno *fe* roedd llygaid y gynulleidfa, er mai un yn unig oedd y gynulleidfa! Ond braf oedd brolio.

'Byddwch yn ddistaw, wir!' meddai Nic unwaith eto, ond doedd dim tewi ar Ben nawr, a llygaid Sam wedi eu hoelio arno fe.

'Ble mae'r ferch?' gofynnodd Sam.

'Rydych chi'n nabod Capten Lefi . . .' dechreuodd Ben a nodio'i ben i fyny ac i lawr fel y gwelwch chi ful neu geffyl yn ei wneud weithiau. Roedd hynny cystal â dweud nad oedd angen dweud dim rhagor. A *doedd* dim angen dweud dim.

'Ydw, rydw i'n nabod Lefi'n iawn. A'i long, y Sarff, hefyd. A dyna lle mae'r ferch.'

Nodiodd y mul ei ben unwaith eto . . . lawr a lan . . . lawr a lan . . . a Nic bron ffrwydro gan dymer.

'Agorwch y parsel, Ben,' meddai Sam wedyn.

'Na,' meddai Nic. 'Rhowch y parsel i mi, Ben.'

'Mae'n ddigon saff yn fy nwylo i.'

'O'r gorau,' meddai Nic. 'Sam, dewch â photel. Mae syched arna i.'

Ond roedd llygaid Sam wedi 'u hoelio o hyd ar y parsel.

'Agorwch y parsel,' meddai fe unwaith yn rhagor a'i lais yn gryglyd gan ddisgwyl, 'i mi gael gweld y pum mil . . . Pum mil! Hew!' Fe fyddai gweld pum mil o bunnoedd yn fwndel gyda'i gilydd yn olygfa werth ei gweld.

'Na, ddim nawr. Rywbryd eto,' meddai Ben. Ac roedd syched arno fe hefyd nawr.

'Dewch â photel, Sam. *Scotch*,' meddai fe.

'Ie, *Scotch*,' meddai Nic hefyd. 'A chofiwch chi, Sam. Dim un gair o beth mae Ben wedi ei ddweud neu fe dorra i'ch pen chi i ffwrdd.'

'Hê-hê-hê!' chwerthodd Sam, ond fe aeth i chwilio am botel, ac roedd digon o boteli ganddo ynghudd yn y Dafarn Goch.

'Fe gawn ni drafferth gyda'r creadur yma,' meddai Nic wrth Ben wedi cael cefn Sam.

'Agorith e mo'i geg fwy nag unwaith,' atebodd Ben.

'Fe fydd unwaith yn ddigon. Ond beth rydyn ni am ei wneud nawr ydy'r cwestiwn.'

'Fe allwn ni aros yma.'

'A Sam yn gwybod ein cyfrinach ni i gyd? Dim peryg!'

'Beth am Capten Lefi a'r llong. A beth am y ferch?'

'Fe all hi fynd i'r diawl. Mae'r arian gennyn ni. Does fawr o obaith y cawn ni ragor nawr a'r Richard Puw yna wedi rhoi'r polîs ar ein trywydd. Ond fe fyddai trip ar y môr yn lles i'n hiechyd ni ar hyn o bryd. Ond mae'n beryg i ni fynd o'r lle yma yn y *Landrover*. Fe fydd y polîs yn stopio pob car a lori a phopeth o fewn milltiroedd. Rhaid i ni aros tan nos.'

'Neu mae rhaid i ni gerdded.'

'Cerdded? Mae mwy na deng milltir . . . Arhoswch chi nawr. A! Fe wn i. Wil y Cychwr!'

'Wil y Cychwr?'

'Ie, os ydy Wil yn fyw o hyd. Gwrandewch! Mae cwch neu ddau—wel, roedd cwch neu ddau gan Wil ar Draeth Swnd. Mae heolydd tawel cul yn rhedeg o'r dafarn yma i lawr i Draeth Swnd. Fydd dim plismon yn gwylio'r ffyrdd yma, rwy'n siŵr. Fydd dim rhaid i ni groesi'r ffordd fawr hyd yn oed. Fe allwn ni fynd yn y *Landrover* i lawr i'r traeth— wedi iddi hi dywyllu. Cwch wedyn rownd y Trwyn ac i'r dociau—rhyw ddwy filltir yn y cwch—dyna i gyd. Ac fel mae'n digwydd mae'r Sarff wrth y cei pella allan. Fe allwn ni fynd ar fwrdd y llong yn rhwydd.'

'Rydych chi'n iawn, Nic,' meddai Ben a rhyw olwg o barch at Nic yn ei lygaid. 'Edrychwch! Dyma'r parsel. Fe allwch chi ofalu amdano fe nawr. Ble mae Sam a'r . . . Dyma fe!'

Fe ddaeth Sam i mewn drwy'r drws a photel o whisgi a gwydrau yn ei ddwylo. Wyddai'r ddau arall ddim ei fod e yn y pasej ers munud neu ddwy a'i fod e wedi clywed pob gair.

'Dyma'r stwff i chi,' meddai fe gan ddodi'r botel a'r gwydrau ar y ford.

'Sam,' meddai Nic gan arllwys dôs o'r "ffisig" iddo fe ac i Ben, 'rydych chi'n cofio Wil y Cychwr?'

'Cofio Wil y Cychwr? Ydw, siŵr iawn. Roeddwn i'n siarad ag e yr wythnos ddiwetha.'

'Mae e'n fyw o hyd?'

'Byw? Ydy,' meddai Sam er ei fod e'n gwybod yn eitha da fod Wil wedi marw ers pum mlynedd bellach . . .

Yn Swyddfa'r Heddlu yng Nghaerolau, roedd cyffro mawr ac roedd Inspector Mordecai mewn tymer ofnadwy. Roedden nhw wedi colli trywydd y *Landrover* am y tro, ond fe daerodd Mordecai y byddai fe'n cribo pob heol a llwybr a llyn ac afon a thwll a chornel, a dal y ddau ddihiryn Nic a Ben cyn iddo fe fynd i orffwys y noson honno . . .

9. DAU DDYN TAL

ROEDD oriau hir o flaen Nic a Ben cyn y byddai hi wedi tywyllu digon iddyn nhw gychwyn am Draeth Swnd. Roedd ar Nic awydd agor y parsel i weld bod yr arian yn iawn ganddo, ond prin y gallai fe symud heb fod Sam wrth ei gwt. Doedd arno fe ddim awydd agor y parsel o flaen Ben rhag ofn y byddai fe'n mynnu ei siâr o'r arian ar unwaith. Roedd syniadau eraill gan Nic beth fyddai'n digwydd i'r pum mil. Doedd arno fe ddim awydd siario â neb. Fe gâi e gyfle i gael gwared ar Ben cyn nos . . . gobeithio, ac wedyn fe fyddai'r pum mil i gyd ganddo fe. Roedd hen sied y tu allan —un o nifer—lle y gallai fe fynd i agor y parsel, ond beth pe bai Ben yn gofyn am weld y parsel wedyn. Roedd sêl y banc ar y parsel. Pe bai e'n agor y parsel, dyna'r sêl wedi 'i dorri, a Ben yn meddwl ar unwaith fod Nic wedi bod yn ei helpu ei hun. Sŵn mawr wedyn. Na! Gwell peidio â'i agor. Doedd arno fe ddim eisiau trwbwl gyda Ben ar hyn o bryd . . . ar hyn o bryd . . .

Roedd eisiau bwyd ar Ben toc a dyna fe'n gorchymyn i Sam baratoi pryd. Roedd Sam yn eitha parod i wneud. Ond trwy gydol yr amser roedd un ai Ben neu Nic yn gwylio'r heol trwy'r ffenest.

Wedi bwyta, fe feddyliodd Nic y byddai'n beth da mynd â phresant i Capten Lefi ar y llong. Beth well na chês o whisgi. Fe ofynnodd e i Sam oedd stoc ganddo fe—roedd e'n ddigon siŵr bod stoc gan Sam yn rhywle. Ac er mawr syndod i Nic, roedd Sam yn eitha bodlon gwerthu cês iddo fe . . . am bris.

'Ble rydych chi'n cadw'r stoc?' gofynnodd Nic iddo fe.

'Sefwch chi yma. Rydw i'n mynd i nôl peth nawr,' meddai Sam, ac i ffwrdd ag e allan o'r stafell.

'Sefwch chi yma, Ben. Rydw i'n mynd i weld ble mae e'n cadw'r stwff,' meddai Nic a dilyn Sam yn dawel.

Roedd ar Ben eisiau gwybod y gyfrinach hefyd, a chyn gynted ag y diflannodd Nic drwy ddrws y cefn fe lithrodd e i mewn i'r pasej.

Fe ddiflannodd Sam i mewn i hen dwlc moch ym mhen draw'r iard, a phan ddaeth e allan roedd Nic wrth y drws yn ei gyfarfod, a Ben wrth ddrws y cefn yn gwylio'r ddau. Ac roedd rhaid i'r ddau helpu Sam i gario'r cês i'r *Land-rover.*

'Agorwch y cefn, Ben, ac i mewn ag e,' meddai Nic.

I mewn! Hwb! Ond ust! Dyna sŵn car ar y ffordd y tu allan. Fe stopiodd y car, ac fe edrychodd y tri dihiryn ar ei gilydd. Yr un gair oedd ym meddyliau'r tri.

Polîs!

Dyna guro mawr ar ddrws ffrynt y dafarn.

'Ewch i weld pwy sy 'na,' meddai Nic wrth Sam. 'A brysiwch!'

Brysiodd Sam.

'Fe arhoswn ni yma, Ben. Os y polîs sy yna, fe allwn ni guddio yn y siediau yma, neu ddianc i'r caeau,' meddai Nic.

'Fe welan nhw'r *Landrover.*'

'Pa ots? Dim ond iddyn nhw beidio â'n gweld ni! Lwc i fi ddod â'r parsel gyda fi.'

Fe gyrhaeddodd Sam y drws ffrynt. Ie 'traed mawr' oedd y ddau ddyn tal yma'n ddigon siŵr, er bod wyneb coch fel ffermwr gan un ohonyn nhw.

Fe benderfynodd Sam ei fod e'n cael ei big i mewn gynta.

'Na, does dim diod i'w gael yma. Nid tafarn ydy'r lle yma nawr.'

'Does arnon ni ddim eisiau diod,' meddai'r gŵr â'r wyneb ffermwr—Inspector Mordecai. 'Rydyn ni'n chwilio am *Land-rover.* Ydych chi wedi gweld un yn mynd heibio yma?'

'*Landrover? Landrover?*' Fe ddaeth Sam allan i'r heol i ateb y cwestiwn. Rhyfedd mor uchel oedd ei lais e hefyd—yn ddigon uchel i'w glywed yn yr iard. 'Do, fe welais i

Landrover. Tua awr yn ôl. *Landrover* y Comisiwn Coedwigo.
Rydw i'n ei weld e'n reit aml y ffordd yma.'
'Pa ffordd aeth e?' gofynnodd yr Inspector.
'Yn syth ymlaen i gyfeiriad Casfynwy, ddwedwn i. Mynd
yn gyflym hefyd, fel pe bai'r Gŵr Drwg ar ei ôl e. Roeddwn
i'n sefyll yn y rŵm ffrynt ac yn edrych allan. Fe welais i e'n
mynd.'
Fe allai Nic a Ben glywed y cwbl.
'Go dda,' sibrydodd Nic a rhyw hanner gwên ar ei wyneb.
'Fe gawn ni wared ar y rhain nawr.'
'Stopiodd y *Landrover* ddim yma?'
'I beth, syr?' gofynnodd Sam.
Fe edrychodd yr Inspector yn syth i lygaid Sam. Roedd
Sam yn edrych mor ddiniwed â'r oen.
'Rhy ddiniwed,' meddai'r Inspector wrtho'i hun.
'Pwy oedd yn gyrru'r *Landrover*? Sawl un oedd ynddo
fe?'
'Wn i ddim, wir. Roedd e'n gyrru mor gyflym ac roedd y
shyters i fyny.'
Tra oedd yr Inspector yn holi Sam, roedd y gŵr tal arall—
Sarjant Oliver wrth ei enw—yn edrych o gwmpas y lle.
Dyma fe'n gweiddi'n sydyn,—
'Mae rhywbeth wedi bod drwy'r drws i mewn neu allan
o'r iard yma'n ddiweddar.'
'Oes rhywbeth wedi bod drwy'r drws yma?' gofynnodd
Mordecai i Sam.
'Ddoe,' oedd ateb parod Sam. 'Y *Landrover*. Roedd eisiau
diod fach—ar y slei, wrth gwrs—ar y gyrrwr. Rydw i'n cadw
potelaid fach i ffrind neu ddau sy'n galw yma. Ym . . . m . . .
hoffech chi gael diferyn bach?'
Roedd ei lais e mor ddiniwed â'i wyneb. Ac roedd Nic a
Ben yn gwrando o hyd.
'Rhowch gip dros y drws yna,' meddai Mordecai wrth y
sarjant.
Fe glywodd Nic a Ben y gorchymyn. Roedden nhw'n
sefyll o hyd wrth gefn y *Landrover*.
'I mewn i'r cefn,' sibrydodd Nic yn wyllt.
I mewn â'r ddau i gefn y *Landrover* mor dawel ag roedd

modd, a phan ddringodd y sarjant i ben y drws, doedd dim i'w weld yn yr iard ond y *Landrover* ei hunan.

A dyna waedd o geg y sarjant.

'Dyma'r *Landrover*! *Landrover* Nic a Ben! Rydw i'n mynd i ddringo dros y drws.'

'O'r gorau,' atebodd Mordecai. 'Fe â i drwy'r tŷ.'

Fe neidiodd y sarjant i lawr i'r iard a dod yn gyflym at y *Landrover*. Roedd y cefn ar agor. Fe roiodd e ei ben i mewn. Disgynnodd carn rifolfer Nic rhwng ei lygaid, a llithrodd Oliver i lawr heb ddweud na bŵ na bê.

'Drws y cefn ar unwaith,' meddai Nic ac fe redodd yntau a Ben at y drws a sefyll un bob ochr iddo.

Fe allen nhw glywed yr inspector yn melltithio Sam am ddweud celwydd. Ond dyna fe nawr yn dod allan i'r iard. Y peth cynta welodd e oedd Sarjant Oliver yn gorwedd yn swp ar lawr wrth y *Landrover*.

'Sarjant . . .' meddai fe, ond ddwedodd e ddim rhagor. Disgynnodd carn y rifolfer ar ei wegil, ac fe aeth popeth yn dywyll.

'Wel, dyna lwc,' meddai Nic. 'Dyma ni'n saff am sbel nawr. Ond gwell rhoi'r traed mawr yma o'r neilltu. Sam! Ble rydych chi?'

Roedd Sam yn barod wrth y drws.

'Wel, myn . . .' meddai fe'n rhy syn i feddwl am reg.

Roedd Nic yn wên i gyd. Roedd e'n falch iawn ohono'i hun. Roedd e wedi meddwl mor gyflym.

'A da iawn chi, Sam,' meddai fe. 'Does neb all eich curo chi am ddweud celwyddau.'

'Fe ddo i i drwbwl am hyn—pan ddaw'r ddau yma atyn eu hunain.'

'Dim peryg. Nawr te, Sam, rhaffau i rwymo'r ddau yma a'u rhoi nhw yn un o'r siediau yma . . . neu yn y twlc acw.'

'O, na . . . na!' meddai Sam, ac roedd y dyn bach crwn yn crynu fel jeli. 'Fe ddo i i drwbwl am hyn.'

Doedd Nic yn hidio dim am drwbwl Sam, dim ond iddo fe gadw 'i groen ei hun yn iach.

'Ewch i chwilio am raffau, Ben.'

Ond roedd Ben yn ei lygadu fe'n amheus iawn.

44

Ble mae'r arian?' meddai fe.

'Yn y *Landrover*, wrth gwrs. Ewch i edrych os ydych chi'n amau.'

'O!' meddai Ben yn llipa a mynd i chwilio am raffau. Dyn od. Dyn dwl.

Fe ddaeth e'n ôl yn fuan a rhaffau ganddo fe, a chyn pen dim roedd Inspector Mordecai a Sarjant Oliver wedi eu rhwymo'n sownd yn un o'r siediau yn yr iard, ac roedd hen gadachau'n dynn am eu cegau.

'Mae'n well i ni ddod â'u car nhw i mewn i'r iard yma hefyd,' meddai Nic wedyn. 'Mae e'n rhy amlwg lle mae e. Fe agora i'r drws mawr yma, Ben. Ewch chi i nôl y car. Mae'n siŵr bod yr allwedd ynddo fe. A Sam, dewch o gefn y *Landrover* yna. Fe wn i beth sy yno.'

Roedd Sam wedi sleifio tua'r *Landrover* y cyfle cynta gafodd e, ond roedd llygaid Nic arno fe. Fe aeth i nôl y parsel ac yna fe agorodd e'r drws mawr ac fe ddaeth Ben â char y polîs i mewn. Fe gododd Nic y boned a thynnu allan y fraich droi o'r dosbarthydd. Cydiodd mewn sbaner a darnio'r set radio.

'Dyna ni!' meddai Nic. 'Mae popeth yn yr ardd yn edrych yn brydferth dros ben . . . am y foment!'

Fe rwbiodd e ei ddwylo. Roedd e wedi dechrau ofni, ond nawr . . .

'Dewch â'r botel, Sam,' meddai fe.

10. FFOI

ROEDD hi'n ddigon tywyll i Nic a Ben fentro o'r dafarn a chychwyn am y llong o'r diwedd. Erbyn hynny roedd y botel wedi 'i gwagio. Ac roedd Ben yn barod i lorio unrhyw un ddwedai air yn groes iddo, ac yn barod i syrthio am wddw'r sawl ddwedai air caredig. Roedd pen da iawn gan Nic at unrhyw fath o ddiod.

'Reit!' meddai Nic. 'Mae'n bryd i ni fynd.'

'I'r llong?' gofynnodd Sam yn ddiniwed ddigon yr olwg. Roedd e'n gwybod yn ddigon da beth oedd cynlluniau'r ddau.

'Siŵr iawn,' meddai Ben.

'O'r gorau. Beth am dalu am y whisgi a'r bwyd yma cyn i chi fynd?' gofynnodd Sam wedyn.

'Talu?' meddai Ben, ac fe wthiodd e law fawr fel rhaw yn wyneb Sam nes bod y dyn bach yn fflat ar ei gefn ac yn cicio'i draed fel chwilen.

'Rydw i'n barod, Nic,' meddai Ben. 'Fi sy'n gyrru.'

Fe edrychodd Nic arno fe'n amheus. Roedd ei wyneb e'n goch gan wres y ddiod.

'Peidiwch ag edrych arna i fel yna. Rydw i'n ddigon sobr,' meddai Ben. 'Fi sy'n gyrru, a chi sy'n gofalu am yr arian.'

'Dewch!' meddai Nic yn swta a cherdded at y drws.

'Beth am f'arian i?' cwynai Sam o'i hanner eistedd ar y llawr.

Fe roiodd Ben ei droed ar ei fola a gwasgu nes bod Sam yn ymladd am ei wynt, ond fe daflodd Nic ddwy bunt o'i boced iddo fe.

Fe ddaeth Nic a Ben allan i'r iard.

'Ach!' meddai Nic.

Roedd hi'n dechrau bwrw glaw—glaw oer, diflas oedd yn glynu ymhob dim.

'Chi sy'n gyrru,' meddai Nic ac fe aeth e i agor y drws mawr.

Fe ruodd injan y *Landrover*; fflachiodd y goleuadau ymlaen; neidiodd Nic i mewn ac i ffwrdd â'r ddau ddihiryn, a Nic yn magu'r parsel yn ei gôl.

Fe ddaeth Sam allan i weld i ba gyfeiriad roedd y *Landrover* yn mynd. I gyfeiriad Traeth Swnd yn ddigon plaen.

'Fe dala i i chi,' meddai fe . . .

Doedd Nic ddim yn teimlo'n rhy sicr ohono'i hun erbyn hyn. Roedd arno fe ofn beth fyddai Sam yn ei wneud, yn enwedig ar ôl cael ei drin mor greulon gan Ben. Roedd Ben wedi dweud gormod wrtho fe hefyd, y ffŵl ag e. Fyddai fe'n rhyddhau'r ddau draed mawr ar unwaith? Un peth, fydden nhw ddim yn gallu dilyn yn eu car eu hunain—roedd y fraich droi ganddo fe yn ei boced. Ond roedd yr hen fan yna gan Sam. Ond allai honno ddim mynd mwy na rhyw bum milltir ar hugain yr awr; fe fyddai hi'n siŵr o ddryllio'n gandryll pe bai'r plismyn yna'n gwasgu gormod arni hi. Na, roedd siawns ganddyn nhw—fe a Ben . . . fe a Ben . . . fe . . . Fe roiodd e ei law yn ei boced. Y fraich droi! Doedd hi ddim yno! Chwiliodd trwy ei bocedi eraill mewn panig gwyllt. Na, doedd hi ddim yn un o'i bocedi.

Cofiodd! Doedd gan neb ddwylo mor fedrus, mor ysgafn â Sam am godi pethau o bocedi pobl. Dyna'r ffordd roedd e'n byw yn yr hen ddyddiau. Fe gofiodd Nic fel roedd Sam wedi pwyso yn ei erbyn e pan oedd e'n arllwys y whisgi un tro.

'Diawl!' meddai Nic.

'Beth sy?'

'O, dim, ond mae rhaid i ni frysio.'

'Pryd mae'r llanw?'

'Tua wyth, rydw i'n meddwl. Mae hi'n chwech o'r gloch nawr, a chofiwch, fe fydd rhaid i ni ddod o hyd i Wil Cychwr a rhwyfo rownd y Trwyn.'

Tipyn o gamp fyddai dod o hyd i Wil Cychwr ac yntau yn ei fedd ers pum mlynedd. Ond wyddai Nic mo hynny. Wyddai fe ddim chwaith beth oedd y peth gorau i'w wneud nawr. Roedd arno fe ofn beth fyddai Sam yn ei wneud; roedd arno fe ofn y ffordd roedd Ben yn gyrru hefyd. Roedd y ffordd yn gul, gul a'r *Landrover* yn tasgu o'r naill ochr i'r llall . . . fel dyn meddw, ond ei fod e'n symud gryn dipyn yn gyflymach . . .

Yn ôl yn y Dafarn Goch roedd Sam yn brysur iawn. Cyn gynted ag y diflannodd goleuadau'r *Landrover* i lawr yr heol, fe redodd Sam yn ôl i'r tŷ, cydio mewn fflach a ffwrdd ag e i ryddhau'r ddau blismon.

Fe agorodd e ddrws y sied a fflachio'r golau arnyn nhw. Roedd y ddau wedi dod atyn eu hunain, ac roedden nhw nawr yn ymladd â'r rhaffau oedd yn dynn amdanyn nhw. Tynnodd Sam y rhecsyn oedd am geg yr inspector.

'Ach!' meddai'r Inspector a phoeri dair gwaith. 'Tynnwch y rhaffau yma.'

'Mewn munud,' meddai Sam a mynd at y sarjant. Fe dynnodd e'r rhecsyn o'i geg yntau. Fe boerodd yntau . . . dair gwaith.

'Y rhaffau yma ar unwaith!' gwaeddodd Inspector Mordecai.

'Mewn munud,' atebodd Sam yn gŵl fel cwcwmer. 'Mae rhaid i chi ddeall un peth gynta. Does dim gen i i'w wneud â'r ddau . . . â'r ddau ddiafol, Nic a Ben y Cawr.'

Roedd rhaid i Sam adrodd ei stori nawr—neu ryw stori fyddai'n debyg o gadw'i groen yn iach—cyn rhyddhau'r ddau blismon. Fyddai ganddyn nhw ddim amser i wrando arno fe unwaith y bydden nhw'n rhydd o'r rhaffau.

'Does dim amser i wrando arnoch chi nawr. Ble mae'r ddau ddihiryn yna?'

'Mae digon o amser. Rydw i'n gwybod yn iawn beth sy'n mynd ymlaen. Fe fues i'n gwrando ar y ddau'n siarad yn slei fach ac mae digon, digon o amser.'

Fe allai Sam yn ei feddwl weld Nic a Ben yn chwilio am Wil Cychwr. Chwilio'n hir ond heb ei gael! Fe fyddai angen rhaw neu ddwy . . .

'Wel, beth sy gennych chi i'w ddweud?' gofynnodd yr inspector. 'Ond rydw i'n gwybod eich bod chi'n dweud celwyddau y prynhawn yma . . . Faint o'r gloch ydy hi nawr? Mae'n dywyll y tu allan.'

'Newydd droi chwech o'r gloch,' atebodd Sam. 'Prynhawn yma roedd rhaid i mi ddweud celwydd wrthoch chi neu fe fydden nhw'n cerfio'u henwau arna i, medden nhw. (Dyna gelwydd arall.) Fe ddaeth Nic a Ben yma y bore yma, ac roedd rhaid i mi eu helpu nhw neu . . . fel dwedais i . . .'

'O'r gorau! O'r gorau! Roedd rhaid i chi helpu'r ddau ddihiryn. O'r gorau! Nawr tynnwch y rhaffau yma. A dwedwch beth sy'n mynd ymlaen. Ble mae Nic a Ben?'

Fe ddechreuodd Sam ar y rhaffau.

'Maen nhw wedi mynd,' meddai Sam—yn ddigon hamddenol.

'I ble?'

'I chwilio am Wil y Cychwr.'

'Wil y Cychwr? Ble?'

'Traeth Swnd.'

'Pam?'

'I ofyn am gwch.'

'I beth?'

'I rwyfo round y Trwyn.'

'A!' Roedd yr inspector wedi deall. 'I fynd i'r dociau. Beth sy yn y dociau?'

'Llongau.'

'Wrth gwrs, y ffŵl. Beth sy yno i Nic a Ben?'

'Llong! Ond fyddan nhw ddim yn mynd ar y llong!'

'Pam?'

'Achos fyddan nhw ddim yn gallu dod o hyd i Wil y Cychwr.'

'O? Pam?'

'Achos ei fod e i fyny yn y fynwent ar ochr y bryn. Mae e yno ers pum mlynedd.'

'Wedi marw!'

'Fyddai fe ddim yn aros yno pe bai e'n gallu symud, yn enwedig yn y gaeaf fel hyn!'

'Hy! Dyn doniol, fe wela i. Ydych chi wedi gorffen â'r rhaffau yma?'

'Bron iawn. Ond cofiwch hyn, sarjant . . .'

'Inspector Mordecai.'

'Cofiwch hyn, Inspector, rydw i wedi bod yn helpu'r polîs. Fe ddwedais i wrth Nic a Ben fod cychod gan Wil o hyd . . . ei fod e mor fyw ag erioed, a nawr fe fyddan nhw i lawr wrth y traeth yn methu gwybod beth i'w wneud. Ac rydw i'n eich rhyddhau chi. Ydych chi'n gweld? Rydw i'n helpu'r polîs.'

'O'r gorau! O'r gorau. Fe gofiwn ni am eich help chi ar ôl i ni ddal y ddau gnaf yna.'

Fe ddaeth rhaffau'r inspector yn rhydd.

Fe estynnodd e ei goesau a'i freichiau. Roedd nodwyddau'n rhedeg trwy ei aelodau i gyd. Fe ddododd e ei law ar ei wegil. Aw! Fe droiodd e at y sarjant.

'Sut mae hi arnoch chi, Oliver? Ble cawsoch chi hi?'

'Rhwng fy nau lygad,' atebodd y truan hwnnw. 'Rydw i'n siŵr bod lwmpyn fel wy ar fy nhalcen.'

Fe fflachiodd Sam ei olau arno fe. Oedd, roedd wy yno—wy hwyaden o ran lliw a maint.

Mewn byr amser roedd y sarjant yn rhydd o'i rwymau yntau.

'Nawr te—Traeth Swnd,' meddai'r inspector.

Fe stopiodd ac edrych ar Sam.

'Rydych chi'n dweud y gwir, wrth gwrs.'

'Fydda i byth yn dweud celwyddau.'

'Dyna eich celwydd diwetha chi. Ydych chi'n gwybod rhywbeth am y ferch? Merch Richard Puw? Ddwedodd Nic a Ben rywbeth amdani hi?'

'Rydw i'n gwybod ble mae hi.'

'Be . . . Be . . . Beth? Rydych chi'n . . . Ble mae hi?'

'Ar long.'

'Pa long?'

'Y Sarff.'

'Ac mae hi yn y doc nawr?'

'Ydy. Fe fydd hi'n hwylio gyda'r llanw heno.'

'Dewch, Oliver. Mae rhaid i ni symud. Ydy'r car ar yr heol o hyd?'

'Dacw fe yn yr iard.'

Rhedodd Inspector Mordecai at y car yng ngolau fflach Sam.

'Pwy ddaeth ag e i mewn?' dros ei ysgwydd.

'Fi,' atebodd Sam yn fyr ei wynt. 'Efallai y cofiwch chi am hyn hefyd.'

Neidiodd Mordecai i mewn ac Oliver wrth ei ochr. Roedd y set radio'n ddarnau ond roedd allwedd y car yno o hyd. Fe droiodd Mordecai yr allwedd.

Tawelwch mawr!

'Beth sy'n bod ar hwn?' gofynnodd Mordecai'n wyllt.

Dyna Sam wrth y ffenest.

'Agorwch y ffenest,' gwaeddodd Sam.

Fe agorwyd y ffenest. Fe roddodd Sam ei law drwodd a throi golau ei fflach arni.

'Beth ydy hwn?' gofynnodd Mordecai.

'Y fraich droi.'

'Ble cawsoch chi hi?'

'Ym mhoced Nic. Roedd Nic wedi 'i dwyn hi. Rydych chi'n gweld—rydw i'n helpu'r polîs.'

'O'r gorau. Oes ffôn yma?'

'Dim o fewn milltiroedd.'

'Gwell i chi ddod gyda ni. Neidiwch i mewn.'

Mewn hanner munud roedd y fraich yn ôl yn ei lle ac roedd y car yn hyrddio am Draeth Swnd . . .

11. Y BONT

FE hyrddiai'r *Landrover* ymlaen hefyd. Roedd Ben yn eistedd yn fawr fel Bwda wrth yr olwyn, ac mae rhaid dweud ei fod e'n yrrwr da. Roedd digon o whisgi yn ei fola i beri iddo fe fod yn fentrus, ac fe fentrodd e bopeth hefyd—cymryd troeon ar sbîd, a'r injan yn sgrechian o gêr i gêr yn ôl yr angen. Lwc na ddaeth dim i'w cyfarfod nhw.

Am Nic, fuodd e erioed mor anghyffyrddus mewn car—prin bod ei ben ôl e ar y sedd am ddwy eiliad yn olynol—tasgu, neidio, llithro, sglefrio, weithiau'n gadael ei ben ar ôl, weithiau ei stumog, siglo, ysgwyd nes teimlo bod ei gorff e'n mynd yn ddarnau. Roedd arno fe ofn siarad rhag ofn iddo fe frathu ei dafod. Ond roedd rhaid mentro.

'Does . . . dim . . . rhaid . . . i chi . . . fynd . . . mor . . . mor gyflym . . . Ben ! '

Ond wrandawai Ben ddim. Roedd e wrth ei fodd, yn feistr ar ei waith . . .

Fe geisiai Nic feddwl pa beryglon oedd ar yr heol o'u blaen. Doedd e ddim wedi bod ar hyd yr heol yma ers oes-oedd—er pan aeth e'n westai i un o blasau'r Frenhines Elisabeth yr Ail ! Yn amlwg doedd dim gwaith wedi ei wneud ar y ffordd er y dyddiau hynny, dim lledu, dim unioni—a pha eisiau a neb bron yn defnyddio'r ffordd. Cofiodd ! Y bont ! Tua milltir o'r Traeth roedd pont dros yr afon a thro siarp a sydyn cyn ei chyrraedd hi.

Rhaid eu bod nhw'n bur agos ati hi nawr . . .

'Cofiwch am y bont,' sgrechiodd Nic dros sŵn yr injan a'r teiars.

'Beth?' gwaeddodd Ben yn ôl.

'Mae yna bont dros yr afon cyn bo hir.'

Ond roedden nhw wrth y bont yn gynt nag oedd Nic yn ei ddisgwyl hyd yn oed.

'Y brêc, Ben! Y brêc! Dyma'r tro!' gwaeddodd Nic ac roedd un llaw ganddo'n barod ar gliced y drws . . .

Fe wasgodd Ben ei draed ar y brêc a'r afael. Fe sgrechiodd y teiars ac arafodd y *Landrover* yn gyflym. Trwy gil ei lygaid fe welodd Ben ddrws Nic yn agor. Am hanner eiliad fe gollodd e reolaeth ar y *Landrover*. Roedd hynny'n ddigon. Fe aeth y *Landrover* drwy ochr y bont fel trên drwy lidiart. Dyna sgrech ofnadwy; yna sŵn llwyth o hen haearn fel petai yn disgyn ar y cerrig ar lan yr afon islaw. Yna, roedd tawelwch mawr . . .

Wyddai Nic ddim pa mor hir roedd e wedi bod yn gorwedd yno yn y glaw a'r glaswellt ar ochr y ffordd. Eiliadau? Munudau? Oriau? Na, ddim oriau. Roedd hi'n bwrw glaw'n gyson ond doedd e ddim yn wlyb iawn . . . ddim at ei groen, beth bynnag. Munudau, efallai. Roedd e wedi gweld ei gyfle i neidio. Yna'r twrw mawr yna. Beth oedd wedi digwydd? Fe geisiodd Nic godi. Roedd pob rhan o'i gorff yn achwyn. Fe saethodd poen fel cyllell drwy ei goes dde. Roedd e wedi torri ei goes! Dduw, na! Roedd rhaid iddo fe gerdded i lawr at y traeth a chwilio am Wil y Cychwr. Fe geisiodd e sefyll ar y goes. Roedd e'n gallu sefyll ond O, y poen! Cerdded . . . ? Gallai. Na, doedd e ddim wedi torri ei goes. Fe roiodd gam ymlaen . . . dau gam ofnus . . . simsan . . . ond roedd e'n gallu cerdded. Fe gododd ei galon. Fe fentrodd gam ymhellach, yna stopio'n sydyn. Beth oedd yn bod arno fe? Roedd e wedi anghofio . . . y parsel . . . yr arian . . . achos yr helynt i gyd. Ble roedd y parsel nawr? Roedd y parsel yn ei gôl . . . yn ei law yn y *Landrover* eiliad cyn iddo fe neidio. Fe aeth Nic ar ei benliniau a dechrau ymbalfalu yn y glaswellt a'r drain . . . yn wyllt . . . yn frysiog . . . hwnt ac yma, yn ddi-drefn, rywsutrywsut . . . waeth am y poen nawr. Y parsel? Ble roedd e? Fe ddisgynnodd ei law ar rywbeth. Papur . . . parsel . . . parsel caled, sgwâr. Eisteddodd Nic ar ei ben ôl yn y glaswellt a'r glaw a magu'r parsel yn ei gôl fel mam yn magu ei phlentyn —siglo yn ôl a blaen, yn ôl a blaen, a grwnan yn dawel wrtho'i hun.

Yna, fe gofiodd e am Ben. Ben? Ble roedd Ben? Roedd llygaid Nic yn graddol gynefino â'r tywyllwch. Fe gododd a cherdded yn simsan at y bont . . . yn araf . . . araf . . . Beth oedd hwn? Twll mawr! Rhaid bod y *Landrover* wedi rhwygo drwy'r ochr, a rhaid bod Ben i lawr acw . . . yn y tywyllwch a'r tawelwch.

Fe safodd Nic a meddwl. Roedd hi'n hen bryd iddo fe gymryd gafael arno'i hun ac ar y sefyllfa. Er pan ollyngodd Ben eu cyfrinachau o'r cwd wrth Sam, fe deimlai nad fe ei hun oedd yn rheoli ei symudiadau. Yr amgylchiadau oedd yn ei reoli fe. Ac roedd e'n siŵr y byddai Sam wedi rhyddhau'r ddau blismon erbyn hyn. Tybed oedd e, Sam, wedi rhoi dau a dau wrth ei gilydd pan soniodd e am Wil y Cychwr? Yn sicr ddigon fe fyddai Sam wedi dweud wrth y plismyn am y Sarff. A gan fod Ben o'r ffordd nawr, a gan fod y pum mil yn ei feddiant e ei hun, fe allai newid ei gynlluniau. Roedd *rhaid* iddo fe newid ei gynlluniau. Ond sut . . . beth . . . Llong arall, wrth gwrs! Roedd mwy nag un llong y gallai fe hwylio arni. Roedd digonedd o arian ganddo fe. Digon hawdd mynd ar long yn y tywyllwch ar noson fel hon. Fe fyddai hi'n rhy beryglus iddo fe feddwl am chwilio am Wil y Cychwr nawr, ac fe fyddai rhaid iddo fe gerdded yr holl ffordd dros y Trwyn. Sawl milltir oedd hi dros y Trwyn? Tair? O'r gorau, fe gerddai. Fe blannodd ei droed dde ar y llawr. Fe saethodd poenau di-ri i fyny ei goes, ond fe allai gerdded. Roedd *rhaid* iddo fe gerdded. Fe droiodd Nic oddi wrth y bont a dechrau meddwl am y llwybr dros y Trwyn.

12. DIWEDD Y DAITH I BEN

FE eisteddai Inspector Mordecai wrth olwyn y car a'i lygaid ar y ffordd o'i flaen. Roedd y ffordd yn droellog ac yn beryglus yn y glaw yma. Wrth ei ochr roedd Sarjant Oliver yn fyw ac effro. Fe wyliai fe'r ochrau a'r gwrychoedd yn ofalus yng ngoleuadau'r car. Yng nghefn y car roedd Sam yn ei fwynhau ei hunan yn fawr. Roedd e wedi llwyddo i gadw ei groen yn iach, hyd yn oed os nad oedd Mordecai'n credu pob gair. Ond roedd e wedi helpu'r Heddlu ymhob ffordd . . . wedi i Nic a Ben ddiflannu.

Doedd yr Inspector ddim yn gyfarwydd â'r ffordd o gwbl, ac felly, fe wyliai fe bob arwydd ar ochr y ffordd yn ofalus. Fe welodd e arwydd y bont gul a'r tro cas cyn dod ati. Fe arafodd e rownd y tro . . .

'Stopiwch! Stopiwch, syr!' gwaeddodd y sarjant. 'Mae rhywbeth wedi digwydd yma. Edrychwch ar y bont.'

Roedd yr inspector wedi gweld. Stopiodd y car.

'Mae rhywbeth wedi rhwygo drwy'r ochr yma.'

Neidiodd y ddau allan o'r car a mynd at y twll. Ceisiodd yr inspector edrych i lawr drwyddo, ond welai fe ddim yn y tywyllwch.

'Mae fflach yn y car,' meddai fe wrth y sarjant.

Ac yng ngolau'r fflach wedyn fe allen nhw weld y *Landrover* yn ddarnau ar y cerrig ar lan yr afon ryw ugain troedfedd i lawr.

'Beth sy wedi digwydd i'r dynion, tybed?' gofynnodd y sarjant.

'Rhaid i ni fynd i lawr i weld,' atebodd yr inspector.

Daeth Sam atyn nhw o'r car.

'Beth sy?' meddai fe.

'Y *Landrover* sy lawr acw ar y cerrig.'

'A Nic a Ben?'
'Y tu mewn iddo fe, gallwn feddwl. Rydyn ni'n mynd lawr i weld. Ydych chi'n dod?'
'Yn y glaw yma? Dim peryg!'
Ac fe aeth Sam 'nôl i'r car.

Gwaith anodd a mentrus oedd dringo i lawr at y *Landrover*. Ond o'r diwedd fe ddaeth y ddau blismon ato. Roedd e'n gorwedd ar ei ochr yn dolciau ac yn ddarnau i gyd. Prin y byddai neb wedi dianc â'i fywyd o'r car yma.
'Ffiw!' meddai Mordecai pan ddaeth e at y car. Roedd y lle'n drewi o whisgi. 'Mae rhaid bod cargo go werthfawr ganddyn nhw yn y cefn,' meddai Mordecai.
Fe ddringodd e wedyn i ben y car er mwyn edrych i mewn i sedd y gyrrwr. Fe fflachiodd e ei olau ar y pentwr anniben oedd yn gorwedd yn swp llonydd yno. Yr un mawr? Ie, Ben oedd hwn, siŵr o fod. Doedd fawr o angen archwilio'r corff yma. Ble roedd y llall—Nic, yr un bach? Doedd e ddim yn y *Landrover*. Efallai ei fod e wedi cael ei daflu allan.
'Rhywun y tu mewn?' holai'r sarjant.
'Ben,' atebodd yr inspector. 'Neb arall. Mae rhaid bod Nic wedi ei daflu allan.'
Ond er chwilio hwnt ac yma, hyd yn oed yn nŵr bas yr afon, doedd dim sôn am Nic.
'Mae rhaid ei fod e wedi dianc, dyn a ŵyr sut,' meddai'r inspector. 'Ond does dim amser gennyn ni i chwilio yma ragor. Rhaid i ni frysio i lawr i'r dociau. Neu fe fydd y llong yna'n hwylio cyn i ni gyrraedd. Felly, 'nôl â ni. Ac mae angen ffonio un neu ddau o bobl.'

Tipyn o gamp oedd troi'r car mawr yn y lle cyfyng hwnnw, ond fe lwyddwyd, ac yn fuan roedd y car yn cyflymu am y dociau.

13. Y PUM MIL

LLE brwnt ydy'r dociau yng Nghaerolau, ond roedden nhw'n fryntach nag arfer y noson hon a'r glaw yn curo i lawr yn oer a didostur.

Yn ei gaban ar fwrdd y Sarff, fe gerddai Capten Lefi'n ôl a blaen, 'n ôl a blaen ar bigau'r drain. Hanner awr i'r llanw a doedd Nic a Ben ddim wedi cyrraedd, a dyma fe a'r ferch yma ar ei ddwylo. Roedden nhw wedi addo dod i'w nôl hi cyn gynted ag y byddai'n tywyllu. Roedden nhw wedi addo dod â'i gyfran e o'r arian hefyd. Ond roedd e'n gweld drwy'r cynllun nawr. Doedden nhw ddim wedi bwriadu dod i nôl y ferch o gwbl na rhannu'r ysbail gydag e. Fe ddechreuodd e regi a melltithio—ei hun gan fwya. Dim ond ffŵl fyddai wedi llyncu stori Nic.

Ei broblem nawr oedd beth i'w wneud â'r ferch. Roedd hi wedi ei rhwymo yn ei rhaffau ac roedd hances brwnt Ben am ei cheg yn y caban nesa. Doedd ond un peth i'w wneud, a hynny oedd ei smyglo hi allan i'r cei rywfodd neu 'i gilydd ar y funud ola a'i chuddio hi yn rhywle. Fe fyddai fe'n falch i gael gwared arni hi . . . ac yn falch i gael llithro allan ar y teid i ddiogelwch y môr—dros dro, beth bynnag.

Fe safodd Capten Lefi'n sydyn ar ganol ei gerdded undonog ar draws ei gaban. Sŵn traed! Doedd Nic a Ben ddim wedi 'i dwyllo fe wedi'r cyfan.

Fe agorodd Lefi ddrws ei gaban.

'Dewch! Ble gythraul rydych chi wedi bod a finnau a'r ferch ar fy nwylo i yma?'

Fe gerddodd dau ddyn tal i mewn i'r caban. Roedd wyneb fel ffermwr gan un ohonyn nhw.

'Pwy . . . Ble . . . Pwy ydych chi?' gofynnodd Capten Lefi.

'Polîs. Ble mae'r ferch?' meddai Inspector Mordecai.

'Merch? Pa ferch?'

'Y ferch sy ar eich dwylo chi, fel roeddech chi'n dweud.'

'Does dim merch yma.'

'Sarjant! Rhowch gip rownd y lle yma. Mae hi yma yn rhywle. Y drws yna i ddechrau,' meddai Mordecai gan bwyntio at ddrws yn y caban. 'Ble mae hwnna'n arwain?'

Fe geisiodd Sarjant Oliver agor y drws. Roedd e wedi ei gloi.

'Yr allwedd,' meddai Mordecai wrth Capten Lefi. 'Ar unwaith.'

'Rydw i wedi 'i cholli hi.'

'O'r gorau. Rhowch eich ysgwydd yn ei erbyn, Sarjant.'

Fe roiodd y sarjant ysgwydd lydan yn ei erbyn. Fe agorodd y drws.

'Golau, Sarjant!'

Roedd swits wrth y drws. Gwasgodd e'r swits. Ffrydiodd y golau ymlaen a dyna lle roedd Morfudd wedi ei rhwymo mewn cadair a'r hen gadach brwnt am ei cheg o hyd. Roedd golwg dorcalonnus arni hi. Roedd ei hwyneb hi'n welw a brwnt, ei gwallt fel nyth brân, a'i llygaid yn fawr yn ei phen ac yn llawn o ddychryn.

Fe redodd Mordecai ati hi a'i rhyddhau hi mewn dim amser. Syrthiodd Morfudd i'w freichiau gan riddfan fel plentyn bach.

'Morfudd fach!'

Gwnaeth Mordecai ei orau glas i'w chysuro hi tra gwyliai'r sarjant a Chapten Lefi ei ymdrechion. Roedd yr olygfa yn ddigon i dorri calon dyn. Fe blygai Lefi ei ben mewn cywilydd. Ond roedd angen meddyg ar y ferch—meddyg i lacio'i nerfau tynn â chwsg. Roedd yr inspector yn canmol ei lwc ei fod e wedi ffonio am ambiwlans a meddyg heblaw am ei thad.

'Fe fydd eich tad yma cyn bo hir, Morfudd. Mae e'n gwybod mai yma rydych chi,' cysurodd Inspector Mordecai.

Gyda'r gair bron, dyna sŵn traed brysiog ar y grisiau'n arwain i lawr at y caban.

'Morfudd!'

'Nhad!'

Yna, ffrydiodd y dagrau o lygaid y ferch fel y cymerodd ei thad hi yn ei freichiau.

'Fe wnaiff y dagrau fwy o les iddi na dim,' meddai'r meddyg ddaeth i mewn wrth benelin Syr Richard.

Wylodd y ferch—wylo i ffwrdd y pedair awr ar hugain ddiwethaf yma ar ysgwydd gynnes ei thad.

Fe adawyd Morfudd gyda'i thad a'r meddyg, ac fe aeth yr inspector a'r sarjant yn ôl i Swyddfa'r Heddlu yng Nghaer-olau, a Sam a Capten Lefi gyda nhw. Ac yno y dechreuodd y croesholi. Wedi cael ei gwthio arno fe roedd Morfudd, meddai Capten Lefi. Roedd Nic wedi bygwth bom yn howld y llong os na fyddai fe yn ei chymryd hi. A Sam? Fe lifai'r celwyddau o'i enau fe fel dŵr o'r tap. Ar ganol y perfformans —a pherfformans oedd hi hefyd; fu erioed ddau well actor na Sam a Lefi—fe ddaeth dau blismon talgryf i mewn gan ddal rhyngddyn nhw ryw ddrychiolaeth o ddyn, rhyw greadur bach brwnt, bawlyd, yn wlyb at ei groen, a gwallgof-rwydd yn ei lygaid. Yn ei ddwylo fe ddaliai fe barsel bach . . .

'Nic!' meddai Sam a Lefi gyda'i gilydd.

'Ble cawsoch chi e?' gofynnodd Inspector Mordecai.

'Y tu ôl i hen sied ar y doc. Gwylio'i gyfle i ddianc ar un o'r llongau, ddwedwn i,' atebodd un o'r plismyn.

'Ac mae'r arian ganddo fe o hyd,' meddai Sam. 'Pum mil o bunnoedd.'

'Arian?' meddai Mordecai. 'Gadewch i ni weld eich arian chi, Nic.'

Fe ddangosodd Nic ei ddannedd—fel ci'n amddiffyn ei asgwrn—a gwasgu'r parsel yn dynnach i'w gôl.

'Dewch, Nic,' meddai Mordecai wedyn. 'Gadewch i ni weld.'

Ollyngai Nic fyth mo'r parsel o'i fodd.

'Sarjant,' meddai Mordecai.

Fe gydiodd y sarjant yn y parsel a'i rwygo o ddwylo Nic, a Nic yn rhegi ac yn melltithio pawb. Fe gafodd y ddau blismon waith caled iawn i gadw Nic rhag hyrddio ei hun ar y sarjant.

'Nawr fe gawn ni weld yr arian yma,' meddai Mordecai.

'Mae pum mil o bunnoedd yn y parsel yna,' meddai Sam Slei gan lyfu ei wefusau.

Torrodd yr inspector y sêl a thynnu'r papur.

Neidiodd llygaid Sam o'i ben bron.

'Yr arian? Ble mae'r arian?'

A Nic—chwyddodd y gwythiennau yn ei ben.

'Fel y gwelwch chi, does dim arian,' meddai'r inspector. 'Dim ond rhyw hen bapurau—taflenni hysbysebu. Beth sy arnyn nhw? "Bydd eich arian chi'n ddiogel ym Manc Morgannwg". A dyna lle mae arian Syr Richard Puw, wrth gwrs. Doeddech chi ddim wedi meddwl y byddai fe mor dwp â rhoi'r pum mil i chi, Nic?'

Roedd rhaid i'r ddau blismon eistedd ar Nic nes i'r meddyg ddod i roi pigiad iddo fe. Yn *Broadmoor* mae e nawr . . .

Y DIWEDD

Nodiadau — Notes

MOST of the sentence patterns and verb tenses in this story have already been introduced in the two previous volumes in this series, 'Four Stories for Welsh Learners' and 'Noson ym Mis Medi'. Frequent attention is drawn in these notes to these patterns and tenses as they appear in the story. It is hoped that such 'labels' as 'negative noun clauses', 'adjectival clause with a preposition', etc., will not deter the reader. In any case 'good' translations are given as well as more literal translations of difficult sentences which will show how the sentence patterns are formed.

New grammatic elements in the story are a more extensive use of the concise forms of the imperfect tense of verbs, conditional tenses (the would's, should's and could's) and impersonal forms of verbs; and sentence patterns such as those with 'pe', 'prin', 'bron', etc., and of course, the vocabulary is greatly extended.

Page

9. **Fe gododd Morfudd . . . a mynd**—*Morfudd got up . . . and went*. Notice the use of the verb noun *mynd*. When two successive verbs in a sentence have the same subject, the verb noun is preferred to the conjugated form of the second verb. There are many examples of this construction in the story. It will be remembered that 'fe' (*fe gododd*) has no meaning. It merely introduces the verb and can be omitted, as it mostly is in literary Welsh and as it is sometimes in this story. It is followed by the soft mutation.

   a'i chefn at y tân—literally '*and her back to the fire*' whereas in English one would say '*with her back to the fire*'. Similarly '*a golau coch y tân yn ffrâm iddi*'—*with the red light of the fire as a frame for her*

   fe edrychodd hi . . . a gwenu—*she looked . . . and smiled*. See note above

   Dyna ni wedi penderfynu—lit. *there we are decided* meaning *So we have decided;* 'wedi penderfynu' is the past participle

   efallai y bydda i mor enwog â chi—*perhaps I shall be as famous as you;* noun clause containing future tense of 'bod', introduced by 'y'. This 'y' is mostly omitted in spoken Welsh.

61

nhad—note the nasal mutation. Welsh people (particularly North Walians) usually address the father as ' Fy nhad ', as *My father* rather than as *Father*. ' Fy ' however is lost but the mutation remains.

disgleiria(f)—superlative degree of ' disglair '—*bright*. The superlative degree ending is -af in literary Welsh. The ' f ' is lost in conversational Welsh.

roedd e wedi cael ei fagu—*he had been reared*. ' Cael ' construction used here to express English passive voice. The impersonal past tense form could be used here—*fe fagwyd e mewn tlodi*

Ei ofid penna oedd ei fod e wedi colli ei wraig yn gynnar yn ei yrfa—*his greatest (chief) grief was that he had lost his wife early in his career*: ' ei fod e ' . . . etc. is a noun clause containing ' bod ' construction

gan feddwl—*intending, meaning*, ' gan ' forming a present participle with the verb noun ' meddwl '

A braf oedd eistedd ar y feranda—*And it was pleasant (fine) to sit on the verandah*. In a normal sentence the verb comes first but here the complement precedes the verb for emphasis —*and pleasant (it) was sitting on the verandah*

Fe safodd Morfudd ac edrych—*Morfudd stood and looked*, see previous note on two consecutive verbs having the same subject

10. **A golwg syn yn ei llygaid hi**—*with a surprised look in her eyes*: Oftentimes this ' a ' is incorrectly written ' â ' in Welsh since it translates the English ' with '

Fel pe bai e'n siarad â phlentyn—*as if he were speaking to a child*; ' bai ' is the 3rd pers. sing. imperfect conditional tense of ' bod ', used after ' pe '—*if*. The whole conjugation is worth noting and learning,—
fel pe bawn i—*as if I were*
fel pe baet ti—*as if you were*
fel pe bai e/hi—*as if he/she were*
fel pe baen ni—*as if we were*
fel pe baech chi—*as if you were*
fel pe baen nhw—*as if they were*
' Siarad ' is followed by preposition ' â ' (' ag ' before vowels)

10. **Nid plentyn ydw i nawr**—*I am not a child now* (lit. *not a child am I now*): the negative particle and the subject preceding the verb in Welsh for emphasis

Mae'n ddrwg gen i—idiom, *I am sorry*

rhywbeth i'w ddweud—*something to say*

Roedd rhaid iddi hi gael gwybod—*she had to know.* Note the introduction of the verb noun ' cael ' here which gives the sense of ' *she had to be allowed to know* ' ' Cael ' is frequently used in this sense, or with the sense ' to get ', e.g., ' Fe aeth e i'r dre er mwyn cael gweld y carnifal '—*He went to town in order (to be allowed* or *to get) to see the carnival.* Similarly ' Mae rhaid i chi gael gwybod hyn '—*You must (be allowed to* or *get to) know this,* or *you must be told this*

ers tridiau bellach—*for three days now:* lit. *since three days now.* ' Bellach ' is comparative degree of ' pell ' but it has this idiomatic meaning of *now* or *now at last* or *at length*

Glywsoch chi erioed?—*Have you ever heard?*

yn fwy adnabyddus—*better known* (lit. *more well known*)

Dau o ddihirod penna'r wlad yma—*two of this country's topmost scoundrels.* Note ' pen ' (*top, head*) used as an adjective (here the superlative degree)

fe gawson nhw eu dal—*they were caught:* ' cael ' construction used to express English passive voice. Lit. *They had their catching.*

A fi yrrodd nhw i'r carchar—*and it was I who sent them to prison.* Note the subject ' fi ' brought before the verb for emphasis. Note also in this case that the verb is 3rd pers. sing.

Gwaith anodd oedd profi'r achos yn ei erbyn e—*It was difficult work proving the case against him*; lit. *Difficult work (it) was proving the case against him.*

Yr un peth—*the same thing:* note this particular use of ' un ' (*one*). yr un dyn—*the same man*; yr un lle—*the same place.*

eitha siŵr—*sure enough*: ' eitha ' is an adjective or adverb according to its context meaning *extreme, utmost, very, quite*

o hyn ymlaen—*from now on (from this (time) onwards)*

11. **dim byd**—*nothing at all*: ' byd ' (*world*) is frequently used in this negative sense with ' dim '

Beth wnân nhw?—*What will they do?* Future tense ' gwneud '

yn ôl beth mae Nic yn ei ddweud—*according to what Nick says*

rydw i'n siŵr eu bod nhw'n gwybod—*I am sure they know* ' eu bod nhw'n gwybod '—noun clause containing ' bod ' construction

i bethau fynd ymlaen fel hyn—*for things to go on like this*
i Nic daro—*for Nick to strike*
i chi fynd—*for you to go*
Note the construction, and the meaning of ' i ' in these three phrases

heb i neb wybod—*without anyone knowing*
This is the same construction as after ' cyn ' (*cyn iddo fe fynd*)

The preposition ' i ' is used to introduce what would be the subject in the English equivalent phrase,—
' cyn iddo fe fynd '—*before he goes* (or *before he went*)

dim ond i mi wybod—*only for me to know*; see similar construction above

fod y plismon yna wrth law—*that that policeman is at hand*; noun clause with ' bod '

dau o ddihirod gwaetha'r wlad—*two of the worst scoundrels in the land*; ' gwaetha(f) '—superlative degree of ' drwg '

gallwn feddwl—*I should think*

12. **(hen wraig) oedd yn cadw siop**—*(an old woman) who kept a siop*; adjectival clause

sut rai—*what sort, what kind* (sut—*how, what kind of*; rhai
—*some ones*)

Dydy Ben fawr gwell nag anifail—*Ben is not much better
than an animal*

Unrhywbeth mae Nic yn ei orchymyn iddo—*anything that
Nick commands him (to do)*; ' Mae Nic yn ei orchymyn '—
adjectival clause
Compare: y llyfr mae e'n ei ddarllen—*the book he is reading*
　　　　　y pethau mae hi'n eu gwneud—*the things she does*

da chi—*for goodness sake* (lit. *good you!*)

nes ein bod ni'n dal Nic—*until we catch Nick*; ' bod ' con-
struction after ' nes '

hyd yn hyn—*up to now* (*up to this* (*time*))

13.　**er hynny**—*in spite of that* (' er '—*though*)

does fawr o lwytho—*there is not much loading*

noson o aeaf—*a winter night*: Compare, ' nos o haf ', ' dydd
o Wanwyn ', ' wythnos o Fedi ' (*a week in September*)

pryd o fwyd i dri—*a meal for three*

nes bod y llestri . . . neidio—*until (so that) the dishes leaped*;
' bod ' construction after ' nes '

(pob gair) ddaw o geg Nic—*(every word) that comes from
Nick's mouth*; adjectival clause

mae e'n gallu ei dweud hi—similar in meaning to *he can't
half say it!*

14.　**(y dyn) yrrodd ni yno**—*(the man) who sent us there*; adjectival
clause

'n gartre digon cysurus gen i—*a comfortable enough home
by me*

os ydych chi am i mi ddod i mewn—*if you want me to come in*: Note the idiomatic use of ' am '; here it expresses ' wish ' or ' desire ' or ' want '. It is here followed by preposition ' i ' —i mi ddod—*for me to come* (see previous note page 64)

yn fawr ei groeso gan—*warmly welcomed* (lit.' *great his welcome with*)

mae'n siŵr bod y polîs—*it is certain that the police are;* noun clause with ' bod '

anaml y byddwn ni—*rarely are we*: ' byddwn ni '—present habitual tense of ' bod ', not the future tense here

a phwy fyddai'n meddwl—*and who would think* the forms of the impercet conditional tense of ' bod ' after ' pe ' have already been noted. The usual forms are, however, the following,—

fe fyddwn i	*I would be*	*I used to be*
fe fyddet ti	*you would be*	*you used to be*
fe fyddai fe/hi	*he/she would be*	*he/she used to be*
fe fydden ni	*we would be*	*we used to be*
fe fyddech chi	*you would be*	*you used to be*
fe fydden nhw	*they would be*	*they used to be*
fe fyddai'r bachgen		
/bechgyn	*the boy/boys would be*	

These are the forms also of the imperfect habitual tense of ' bod '—' *I used to be* ', etc., as noted above
Frequent use is made of these forms in the story.

a chwerthin wnaeth Ben hefyd—*and Ben laughed too* (lit. *and laugh did Ben also*)

nes bod ei fola mawr e'n ysgwyd—*until his great belly shook;* ' bod ' construction after ' nes '

rhy glyfar o lawer—*too clever by far*

i mi ei wneud—*for me to do*

alla i ddim fforddio—*I cannot afford*; present tense ' gallu '

fe gawn ni hwyl—*we shall have fun*; future tense ' cael '

15. **hoffwn i ddim**—*I wouldn't like*
' hoffwn i ' is imperfect conditional 1st pers. sing. of ' hoffi '
The full conjugation is,—

fe hoffwn i	*I would like*
fe hoffet ti	*you would like*
fe hoffai fe/hi	*he/she would like*
fe hoffen ni	*we would like*
fe hoffech chi	*you would like*
fe hoffen nhw	*they would like*
fe hoffai'r bachgen/bechgyn	*the boy/boys would like*

The interrogative and negative are formed in the usual way
—hoffwn i? etc., hoffwn i ddim, etc.

ar bigau'r drain—*on tenterhooks* (lit. *on thorn prickles*)

fel pe bai e'n siarad ag e ei hun—*as if he were talking to himself*

fe waedwn ni—*we shall bleed*; future tense ' gwaedu '

fe wasgwn ni—*we shall squeeze*; future tense ' gwasgu '

mae'r sbort ar ddechrau—*the fun is about to begin*
Compare: Mae e ar fynd—*he is about to go*
Mae'r bws ar gychwyn—*the bus is about to start*

16. **torri gair**—idiom, *to utter a word*

i rywbeth ddigwydd—*for something to happen*

fe â i—*I'll go*; future tense ' mynd '

rhag ofn torri ar y tawelwch—*for fear of breaking the silence* or *in case she broke the silence*

rhag ofn iddi hi golli—*for fear she might lose; in case she should lose* (lit. *from fear for her to lose*)

Roedd yn anodd ganddi hi lyncu—*It was difficult for her to swallow; she found it hard to swallow*

fe allai hi glywed—*she could hear*
' fe allai hi ' is 3rd pers. sing. imperfect tense of ' gallu '
The endings of the imperfect indicative tense are the same
as those of the imperfect conditional, -wn, -et, -ai, -em,
-ech, -en

fe allwn i	*I could (was able)*
fe allet ti	*you could (were able)*
fe allai fe/hi	*he/she could (was able)*
fe allen ni	*we could (were able)*
fe allech chi	*you could (were able)*
fe allen nhw	*they could (were able)*
fe allai'r dyn/dynion	*the man/men could (was/were able)*

ar waetha sŵn ei chalon—*in spite of the sound of her heart*;
' ar waethaf ' is an idiom meaning *in spite of* (' gwaetha '—
superlative degree of ' drwg ')

17. **cyn pen dim**—*in no time* (lit. *before the end of any (time)*)

prin y gallai Morfudd, etc.—*scarcely could Morfudd get the
words out.* This construction appears frequently in the story.
' Prin ' is an adjective meaning *scarce* or *rare*

o leia—*at least*

19. **ond am y tân**—*except for the fire*

fe neidiai'r fflamau—*the flames leaped, were leaping*
' fe neidiai '—3rd pers. sing. imperfect tense of ' neidio '.
The imperfect tense is used to express continuous action

(o'r ddrama) oedd yn mynd ymlaen—*(of the drama) that was
going on*; adjectival clause

lle nad oedd y llanw byth yn cyrraedd—*where the tide
never reached*

fe deimlai hi—*she felt, was feeling*; imperfect tense ' teimlo '
—*to feel*

(unrhywbeth) allai digwydd—*(anything) that could happen*;
adjectival clause

68

' **gwybod ei bethau** '—' *knew his stuff* ' (lit. *knew his things*)

nes bod Morfudd yn teimlo ei bod hi'n mygu—*until Morfudd felt that she was suffocating*

y byddai hi'n tagu—*that she would choke*

allai Morfudd ddim dal yn hwy—*Morfudd couldn't stand it any longer* (lit. *Morfudd couldn't hold any longer*)

20. **pa mor hir y gallech chi**—*how long you could*; note how ' *how long* ' is expressed. Similarly, pa mor dal—*how tall*; pa mor ddrud—*how dear*; pa mor hen—*how old*; pa mor boeth ydy hi?—*how hot is it?*

er bod y gelyn yn nes—*though the enemy was nearer*; ' bod ' construction after ' er '

Haws ymladd â draig, etc.—*(It is) easier to fight (with) a dragon than (with) a shadow*

yn prysur ddod 'n ôl—*rapidly returning*. It is normally correct to say ' yn brysur ', but here ' prysur ' forms a verb noun with ' dod '—prysur-ddod—and a verb noun does not mutate after ' yn ', e.g., yn canu, yn taro, yn darllen. The second element in the verb noun, ' dod ', does however mutate to ' ddod ', as the second element in any compound word does, e.g., ' ceiniog-werth ' (*penny worth*). Further examples—' yn cyflym ddysgu ', ' yn diwyd weithio ', ' yn llawen ganu '. There are other examples in the story.

fe alla i—*I can*: present tense ' gallu '

welwch chi mono i—*you don't (can't) see me*

dipyn o arbenigwr—*a bit of an expert, specialist*

fe allwn i—*I could*; imperfect conditional tense ' gallu '

21. **fydda i ddim yn gyfrifol**—*I shall not be responsible*: future tense ' bod '

na wnaf—*I won't* (lit. *I do not*)

mor fuan ag oedd modd—*as quickly as (was) possible*

roedd ei chalon ar garlam—*her heart was galloping (at a gallop)*

cystal i ni wybod nawr, etc.—*we may as well know now what is in the mind of that scoundrel*; (lit. *as good for us to know now*)

22. **fe alla i ddod i mewn**—*I can come in*

fe gredai Syr Richard, etc.—*Sir Richard believed (was believing) that an earthquake was happening*; imperfect tense ' credu '

yn bendramwnwgl—*headlong, head over heels*

heb allu gweld dim yn iawn—*unable (without being able) to see anything properly*

y cryfa oedd y syniad, etc. — *the strongest was the idea that they had come to kidnap Morfudd*; noun clause with ' bod '

codi ofn — idiom, *to frighten* (lit. *to raise fear*)

thâl hi ddim, etc — *it won't pay us to shoot anyone yet*; ' neb ' means *anyone* as well as *no one*

23. **Fe wyddai Syr Richard** — *Sir Richard knew*; imperfect tense of ' gwybod '. The full imperfect tense of ' gwybod ' is,—

fe wyddwn i	*I knew*
fe wyddet ti	*you knew*
fe wyddai fe/hi	*he/she knew*
fe wydden ni	*we knew*
fe wyddech chi	*you knew*
fe wydden nhw	*they knew*
fe wyddai'r bachgen/bechgyn	*the boy/boys knew*

mai ofer oedd iddo fe ddadlau — *that it was useless for him to argue* (lit. *that wasteful it was for him to argue*); noun clause linked to main clause by ' mai ', the normal word order having been changed for emphasis. The normal word order would be, ' roedd yn ofer iddo fe ddadlau ' but here ' ofer ' is brought to the beginning for emphasis

Fe wyddai fe y byddai Nic, etc. — *He knew that Nick would be as good as his word*; ' y byddai Nic ', etc., is a noun clause linked to main clause by ' y '

gan ei ddallu fe bron — *blinding him almost*; note the meaning of ' bron ' (*almost*)

i mi gael gweld — *so that I may see* (lit. *for me to be able to see*); see previous note on ' cael ' in this particular construction

I beth? — *For what? Why?*

24. **gan ei daro a'i gicio** — *striking and kicking him*

nes gwasgu'r gwynt ohoni bron — *until he squeezed the wind out of her almost*; note the word ' bron ' (*almost*) again. It has other meanings.

Fe ddododd Ben hi ar ei heistedd — *Ben put her to sit* (lit. *on her sitting*)

awydd taflu i fyny — *a desire to be sick* (lit. *to throw up*)

yn union fel pe bai e'n codi meipen — *exactly as if he were picking up a swede*

25. **nes bod ei fola mawr e'n ysgwyd** — *until his great belly shook*

Fe fyddai hi'n deffro cyn bo hir — *She would awake before long*

fel pe bai'r dwymyn arni hi — *as if she had the fever* (lit. *as if the fever were on her*); the same idiom as, e.g., ' mae annwyd arna i' — *I have a cold*

fe gawn ni weld — *we shall see*; ' cawn ' (future ' cael ') used as auxiliary verb to express future tense

beth wnaiff y dŵr oer yma — *what this cold water will do*; ' gwnaiff ', future tense ' gwneud '

ddeng mlynedd yn ôl — *ten years ago*

26. **Oni bai amdanoch chi,** etc. — *Were it not for you, Ben and I would have got off* (lit. *come free*); ' bai ' as after ' **pe** ', see previous notes

     roedd yn ben —*were ' tops '*

     Os ydych chi am ei chael hi'n ôl yn ddianaf — *if you want to have her back unharmed*; the ' want ' or ' desire ' is expressed in the preposition ' am '. This is a frequent use of ' am '. It also expresses ' intention ' — Ydych chi am fynd? *Do you intend going?*

     Dyma beth mae rhaid i chi ei wneud — *This is what you have to do*

27. **Ar fyr o dro** — *very soon (at a short turn)*

     fe ddaw Marged . . . fe gaiff . . . pan welith hi, fe dorrith hi — future tense verbs

     os digwyddith rhywbeth — *if anything happens (will happen)*

     na chewch chi fyth lonydd — *that you will never have peace (quiet)*; negative noun clause

     fe fydden nhw wedi cerfio'u henwau — *they would have carved their names*

     dyn a ŵyr, etc. — *goodness knows what will happen to your daughter.* cf. Duw a ŵyr — *God knows*

28. **Feiddiech chi ddim** — *You wouldn't dare* (from ' beiddio ')

     i dalu'r pwyth yn ôl — *to repay you* (lit. *to pay the stitch back*)

     Fe ddwedwn i — *I would say*

     Duw a'ch helpo chi — *(May) God help you*

     Os gwnewch chi — *If you do*

     Ar draul pobl fel fi — *at the expense of people like me*

pe baech chi wedi aros — *if you had stayed*

fe fyddai pobl yn byw drws nesa — *there would be people living next door*

Fe gewch chi dalu am hyn — *You'll pay for this*; 'cewch' (from 'cael') used as auxiliary verb to express future tense

29. **nes bod pob asgwrn,** etc. — *until every bone in his back ached*; 'bod' construction after 'nes'

30. **gan obeithio y byddai rhywun,** etc. — *hoping that someone would be within reach*; 'y byddai rhywun', etc. — noun clause containing imperfect conditional tense linked to main clause by 'y'

i neb ei glywed e — *for anyone to hear him*

Arno fe ei hun roedd y bai — idiom, *It was his own fault* (lit. *on himself was the fault* or *blame*)

y dylai fe gael dyn — *that he ought to have a man*; noun clause linked by 'y'. The full conjugation of 'fe ddylwn i' (*I ought*) should be known. The endings are the regular ones, -wn, -et, -ai, -en, -ech, -en.

y byddai Nic a Ben yn mentro — *that Nick and Ben would venture*; noun clause containing imperfect conditional tense 'bod' linked by 'y' again

doedd dim y gallai fe ei wneud — *there was nothing he could do*; 'gallai', imperfect tense of 'gallu'; 'y gallai fe ei wneud' is an adjectival clause.

beth fydden nhw'n ei wneud — *what would they do . . .*

fe allai fe weld — *he could see*; imperfect tense 'gallu'

Fe redai dychymyg Syr Richard ar garlam — *Sir Richard's imagination (was running) ran at a gallop.* 'Fe redai'— Imperfect tense of 'rhedeg'

ac fe chwysai —*and he sweated (was sweating)*; 'fe chwysai' —imperfect tense of 'chwysu'

beth y gallai'r bwystfil yna ei wneud — *what that beast could do*; ' y gallai'r bwystfil yna ei wneud ' is an adjectival clause

araf âi'r amser — *slowly the time went*; ' âi ' imperfect tense of ' mynd '

oedd fel arfer mewn cymaint o ffwdan yn tipian yr oriau heibio — *which usually kept such a fuss ticking the hours by* (lit. *which was as usual in so much of a fuss*); adjectival clause

Fe grynai Syr R. — *Sir R. trembled, shivered*; imperfect tense ' crynu '

bobol annwyl — exclamation having similar strength to ' *Good gracious!* ' (lit. *Dear people!*)

31. **cael gafael ar** — *to get hold of*

    fe fu bron iddi hi farw o sioc — *she almost died of shock*

    Fe dorrwyd y rhaffau — *the ropes were cut*; ' torrwyd '— impersonal form past tense of ' torri '

    ac yntau wedi treulio'r oriau maith — *and he having spent the long hours*

    poenus neu beidio — *painful or not*: note the use of ' peidio ' here. Similarly ' mynd neu beidio ' (*to go or not (to go)*), ' arian neu beidio ' (*money or not*)

    Waeth beth roedd Nic wedi ei fygwth — *no matter what Nick had threatened.* Note the idiomatic use of ' waeth ' (gwaeth) here. 'Gwaeth' is the comparative degree of ' drwg ' (gwaeth, gwaetha). The negative ' ni ' is kept sometimes, e.g., ' Ni waeth beth wnewch chi ' (*No matter what you do*)

32. **Fe ddown ni o hyd iddi hi** —*we shall find her*
    dod o hyd i — idiom *to find, to discover*
    ' fe ddown i ', future tense ' dod '

    roedd e bellter o'r tŷ — *it was (some, a) distance from the house*

mai car mawr oedd e — *that it was a big car* (lit. *that a big car it was*); noun clause with 'car mawr' brought before the verb for emphasis. Introduced therefore by 'mai'

oedd ar y ddesg — *which was on the desk*; adjectival clause

Mynnwch botelaid o whisgi rywle-rywle — *Get a bottle of whisky anywhere.* 'Mynnwch' has the meaning *insist on getting*

ar frys — *in a hurry*

fe gawn ni — *we shall have*; future tense 'cael'

33. **trwy gydol y dydd** — *throughout the day*

efallai nad oerni'n unig oedd yn peri i'r dyn, etc. — *perhaps it was not (the) cold alone which caused the man to hide himself*; negative noun clause with emphasis

fe symudai fe, etc. — *he moved from one foot to the other*; imperfect tense of 'symud'

prin y byddai neb yn nabod Ben — *scarcely would anyone recognise Ben*

a phrin y gallai rhywun weld y dyn bach wrth yr olwyn — *and scarcely could one see the little man at the wheel*

34. **fe gaiff y bar-gyfreithiwr yna dalu am hyn** — *that barrister shall pay for this*

'fe gaiff' — future tense 'cael', here used as auxiliary verb to express future

fe gymeran nhw — *they will take*; future tense 'cymryd'

fe ân nhw — *they will go*; future tense 'mynd'

35. **fe drown ni** — *we'll turn*; future tense 'troi'

mai gwell oedd iddo beidio ag aros yno — *that it was better for him not to stay there*: emphasis clause introduced by 'mai'. Note the negative use of 'peidio' here again

fe arafwn ni — *we'll slow down*; future tense ' arafu '

Ble'r awn ni — *where shall we go*; future tense ' mynd '

Allwn ni ddim mynd — *We can't go*; future tense ' gallu '

Os cyrhaeddwn ni — *If we reach*; future tense ' cyrraedd '

fe gân nhw — *they shall have*; future tense ' cael '

âi'r landrover — *went the landrover*; imperfect tense ' mynd '

doedd waeth gan Nic am neb — *Nick didn't care for any one* (lit. *it didn't matter to Nick about anyone*). Note the use of ' waeth '; see note above (page 32)

36. **fe safai hi** — *it stood*; imperfect tense ' sefyll '

gollodd ei thrwydded — *which lost its licence*; adjectival clause

achos ei bod hi — *because it was*; ' bod ' construction after ' achos ' (*because*)

fe welech chi — *you would see*; imperfect conditional tense ' gweld '

prin y gwelech chi lori — *rarely would you see a lorry*

fe ddeuen nhw — *they came* (*they used to come*); imperfect tense ' dod '

fe fyddai Sam yn prysur fynd o gwmpas — *Sam went (used to go) busily about*; ' prysur fynd ' — see note page 20.

Sam yn esgus gwerthu — *Sam pretending to sell*

roedd e'n eu casglu — *which he collected*; adjectival clause

fel petai — *as it were*

37. **nad oedd e'n rhy hoff o ddŵr a sebon** — *that he wasn't too fond of soap and water* (*water and soap*); negative noun clause

Rhyfedd bod pobl yn prynu dim ganddo fe — (*It was*) *strange that people bought anything from him*; ' dim ' really means ' anything.' but from its continual use in negative sentences and phrases it has developed the negative meaning ' nothing '

Os nad oes arnoch chi eisiau i'r lle yma fynd yn fwg — *if you don't want this place to go up in smoke* (*for this place to go*)

38. **er mai un yn unig oedd yn y gynulleidfa** — *though there was only one in the audience*; (lit. *though one only was,* etc.) ' mai ' emphasis clause after ' er '

nad oedd angen dweud dim rhagor — *that there was no need to say any more*; negative noun clause

39. **bron ffrwydro gan dymer** — *almost bursting from temper*

Fe fyddai gweld pum mil, etc. — *to see five thousand would be a sight worth seeing*; imperfect conditional ' bod '

fe dorra i'ch pen chi i ffwrdd — *I'll cut your head off,* future tense ' torri '

wedi cael cefn Sam — idiom, *after Sam had gone* (lit. *after having Sam's back*)

Agorith e mo'i geg — *He won't open his mouth*; future tense ' agor '

beth rydyn ni am ei wneud — *what are we going to do* ' am ' in this sentence gives the sense of ' going to ', ' intending to '

does fawr o obaith cawn ni ragor nawr — *there's not much hope that we shall have any more now*

a'r Richard Puw yna wedi rhoi'r polis ar ein trywydd — *since that Richard Puw has put the police on our trail* (lit. *and that R.P. having put,* etc.)

ar hyn o bryd — *just now* (*at this time*)

40. **Fydd dim rhaid i ni groesi'r ffordd fawr hyd yn oed** — *we won't need to cross the main road even*

  Wyddai'r ddau arall ddim ei fod e — *The other two didn't know that he was*

  er ei fod e'n gwybod yn eitha da — *though he knew quite well;* ' bod ' construction after ' er ' (*though*)

  y byddai fe'n cribo pob heol — *that he would comb every road;* noun clause containing imperfect conditional tense ' bod '

41. **cyn y byddai hi wedi tywyllu digon** — *before it would have become dark enough*

  Roedd ar Nic awydd — *Nick wanted, desired;* idiom with ' ar '. cf. Roedd ar Nic eisiau.

  prin y gallai fe symud — *scarcely could he move*

  heb fod Sam neu Ben wrth ei gwt — *without Sam or Ben being at his tail*

  ac wedyn fe fyddai'r pum mil i gyd ganddo fe — *and then he would have all the five thousand* (lit. *would be with him*)

  beth pe bai Ben yn gofyn — *what if Ben were to ask*

  rhag ofn — *in case, for fear*

  beth fyddai'n digwydd i'r pum mil — *what would happen to the five thousand*

  Fe gâi e gyfle, etc. — *He would have a chance of getting rid of Ben;* imperfect tense ' cael '

  un ai Ben neu Nic — *either Ben or Nick;* un ai . . . neu . . . — *either . . . or*

  Fe ofynnodd e i Sam oedd stoc ganddo fe — *He asked Sam whether (if) he had a stock;* indirect question. ' Os ' (*if*) is *not* used in an indirect question

Page

42. **yr un gair** — *the same word*
cf. ' yr un dyn ' — *the same man*; ' yr un lle ' — *the same place*

Fe arhoswn ni yma — *We'll stay here*; future tense ' aros '

Os y polîs sy yna — *If the police are there* (lit. *If (it is) the police who are there)*

fe welan nhw — *they will see*; future tense ' gweld '

dim ond iddyn nhw beidio â'n gweld ni — *as long as they don't see us (only for them not to see us)*

er bod wyneb mawr coch, etc. — *though one of them had a big red face like a farmer*; ' er ' followed by ' bod ' construction

Fe benderfynodd Sam, etc. — *Sam decided that he would get his nose in first* (lit. *that he was having his beak in first)*

Rhyfedd mor uchel oedd ei lais e hefyd — *(It was) Strange how loud his voice was too*

43. **ddwedwn i** — *I would say*

Gŵr Drwg — *the Devil*

go dda — *pretty good*

Fe gawn ni wared ar y rhain nawr — *We'll get rid of these now*

Hoffech chi gael diferyn bach — *Would you like to have a little drop*

Rhowch gip — *Take a look (Give a glance)*

44. **un bob ochr iddo** — *one (on) each side of it*

fe allen nhw glywed — *they could hear*; imperfect tense ' gallu '

welodd e — *that he saw*; adjectival clause

o'r neilltu — *one side, by*

does neb all eich curo chi — *no one can beat you* (lit. *there is no one who can beat you*); ' all eich curo chi ' is an adjectival clause

fe ddo i i drwbwl — *I'll get into trouble* (*I will come into trouble*); future tense ' dod '

gadw'i groen ei hun yn iach — *keep his own skin whole* (*healthy*)

45. a chyn pen dim amser — *in less than no time* (lit. *before the end of any time*)

Fe agora i — *I'll open*; future tense ' agor '

(y cyfle cynta) gafodd e — (*the first chance*) *he had, he got*; adjectival clause

46. erbyn hynny — *by that time*; cf. erbyn hyn — *by now*

(unrhyw un) ddwedai air yn groes iddo — (*anyone*) *who said* (*might say*) *a cross word to him*; adjectival clause

(sawl) ddwedai air caredig — (*one*) *who said* (*might say*) *a kind word*; adjectival clause

nes bod y dyn bach yn fflat ar ei gefn — *until* (*so that*) *the little man was flat on his back*; ' bod ' construction after ' nes '

cwynai Sam — *Sam complained*; imperfect tense ' cwyno '

nes bod Sam yn ymladd am ei wynt — *until Sam was fighting for his breath* (*wind*)

47. (glaw oer, diflas) oedd yn glynu ymhob dim — (*a cold, miserable rain*) *which stuck to everything*; adjectival clause

Fe dala i i chi — *I'll pay you* (*out*); future tense ' talu '

beth fyddai Sam yn ei wneud — *what Sam would do*

ar ôl cael ei drin mor greulon — *after being treated so cruelly*; ' cael ' construction for English passive voice

y ffŵl ag e — *the fool!* (lit. *the fool with him*)

Fyddai fe'n rhyddhau'r ddau draed mawr? — *Would he release the two ' big feet'?*

fyddan nhw ddim yn gallu dilyn — *they wouldn't be able to follow*

ond allai honno ddim mynd mwy na . . . — *but that one couldn't go more than . . .*

48. **Tipyn o gamp fyddai dod o hyd i Wil Cychwr** — *It would be quite an achievement to find* (*come across*) *Wil the Boatman*

    Ond wyddai Nic mo hynny — *But Nick didn't know that*: imperfect tense ' gwybod '

    ond ei fod e'n symud gryn dipyn yn gyflymach — *except that he was moving a good deal faster*

    (y rhaffau) oedd yn dynn amdanyn nhw — (*the ropes*) *which were tight about them*; adjectival clause

    (y rhecsyn) oedd am geg yr inspector — (*the rag*) which was *about the inspector's mouth*; adjectival clause

    does dim gen i i'w wneud — *I have nothing to do*

    neu ryw stori fyddai'n debyg o gadw'i groen yn iach — *or some story that would be likely to keep his skin whole* (*healthy*); ' fyddai'n debyg ', etc. — adjectival clause

    Fyddai ganddyn nhw ddim amser — *They wouldn't have time*

    unwaith y bydden nhw'n rhydd — *once they were* (*would be*) *free*

49. **newydd droi chwech o'r gloch** — *just gone six o'clock* (lit. *newly turned six o'clock*)

achos ei fod e — *because he is*

Fyddai fe ddim yn aros yno pe bai, etc — *He wouldn't stay there if he were able to move*

50. **fe wela i** — *I see*; present (and future) ' gweld '

bron iawn — *almost, very nearly*

fe gofiwn ni — *we'll remember*; future tense ' cofio '

o ran lliw a maint — *in colour and size*

51. **Efallai y cofiwch chi** — *Perhaps you will remember*

Fe agorwyd y ffenest — *The window was opened*; ' agor-wyd ', past impersonal form of ' agor '

52. **Fe hyrddiai'r Landrover ymlaen** — *the Landrover hurtled forward*; imperfect tense ' hyrddio '

i beri iddo fe fod yn fentrus — *to cause him to be daring*; ' peri ' followed by preposition ' i '

(Lwc) na ddaeth dim — *(Luck) that nothing came*; negative noun clause

Am Nic — *As for Nick*

nes teimlo bod ei gorff e'n mynd yn ddarnau — *until he felt that his body was breaking (going) into pieces*

rhag ofn iddo fe frathu ei dafod — *in case he bit his tongue (for fear for him to bite his tongue)*

Ond wrandawai Ben ddim — *But Ben didn't listen (was not listening)*; imperfect tense ' gwrando '

Fe geisiai Nic feddwl — *Nick tried (was trying) to think*

ers oesoedd — *for ages* (lit. *since ages*)

er pan aeth e'n westai — *since he went as a guest*

rhaid eu bod nhw'n bur agos — *they must be quite near* (lit. *a ' must ' that they were, etc.*)

' pur agos ' — idiom, *quite near*; cf. ' pur dda ', *quite good*

yn gynt nag oedd Nic hyd yn oed yn ei ddisgwyl — *sooner than even Nick expected (it)*

53. **wyddai Nic ddim pa mor hir** — *Nick didn't know how long*

     Fe gododd ei galon — idiom, *He cheered up* (lit. *His heart rose*)

     waeth am y poen nawr — *the pain didn't matter now* (lit. *(it was) no worse for the pain now*)

54. **yn graddol gynefino â'r tywyllwch** — *gradually getting used (accustomed) to the darkness*

     Rhaid bod y landrover wedi rhwygo drwy'r ochr — *the landrover must have torn through the side* (cf. ' rhaid eu bod nhw'n bur agos ', p. 52 and following)

     a rhaid bod Ben i lawr acw — *and Ben must be down there*

     Roedd hi'n hen bryd — idiom, *It was high time* (lit. *It was old time*)

     er pan — *since*

     fe deimlai nad fe ei hun oedd yn rheoli ei symudiadau — *he felt that it was not he himself who was ruling his movements*; negative noun ' emphasis ' clause

     byddai Sam wedi rhyddhau'r ddau blismon — *Sam would have released the two policemen*

     A gan fod Ben o'r ffordd nawr — *and since Ben was out of the way now*; ' bod ' construction after ' gan ' meaning here ' since ', ' because '

     a gan fod y pum mil yn ei feddiant ei hun — *and since the five thousand was in his own possession*

(llong) y gallai fe hwylio arni — (*a boat*) *on which he could sail*; adjectival clause governed by a preposition

fe fyddai rhaid iddo fe gerdded — *he would have to walk*

55. **hyd yn oed os nad oedd Mordecai'n credu pob gair** — *even if Mordecai didn't believe every word*

    ond welai fe ddim — *but he could see nothing* (lit. *he was seeing nothing*)

    fe allen nhw weld — *they could see*; imperfect tense ' gallu '

56. **Prin y byddai neb wedi dianc â'i fywyd** — *Scarcely (Hardly) would anyone have escaped with his life*

    Mae rhaid bod cargo go werthfawr ganddyn nhw — *They must have had a pretty valuable cargo*

    (y pentwr anniben) oedd yn gorwedd yn swp llonydd yno — (*the untidy heap*) *that lay* (*was lying*) *in a motionless* (*still*) *bundle there*; adjectival clause

    Efallai ei fod e wedi cael ei daflu allan — *Perhaps he had been thrown out*

    Mae rhaid bod Nic wedi ei daflu allan — *Nick must have been thrown out* (lit. *It is a certainty that Nick has been thrown out*)

    Mae rhaid ei fod e wedi dianc — *He must have escaped*

    dyn a ŵyr sut — *goodness knows how* (*a man knows how*) ' dyn ' is a substitution here for ' Duw ' — *God knows* (*how*)

    Awn ni ddim — *We won't go*; future tense ' mynd '

    'Nôl a ni — *We'll go back* (lit. *Back with us*)

    fe lwyddwyd — *it was achieved*; ' llwyddwyd ', past impersonal form of ' llwyddo '

57. **'n fryntach nag arfer** — *dirtier than usual*; the comparison is ' brwnt ', ' bryntach ', ' brynta '

ar bigau'r drain — idiom, *on tenterhooks* (lit. *on thorn prickles*)

hanner awr i'r llanw — *a half hour to the tide*

Dim ond ffŵl fyddai wedi llyncu stori Nic — *only a fool would have swallowed Nick's story*

rywfodd neu'i gilydd — *somehow or another*

dros dro — *for the time being* (lit. *over a time*)

wedi'r cyfan — *after all*

Ble gythraul rydych chi wedi bod? — *Where the devil have you been?*

58. **Roedd golwg dorcalonnus arni hi** — *She was a heart-breaking sight* (lit. *There was a heart breaking look on her*)

ei orau glas — idiom, *his level best, his utmost*

heblaw am ei thad — *as well as for her father*

mai yma rydych chi — *that you are here* (lit. *that it is here you are*)

(meddyg) ddaeth i mewn — *(the doctor) who came in*; adjectival clause

59. **Fe adawyd Morfudd** — *Morfudd was left*; ' gadawyd ', past impersonal form of ' gadael '

os na fyddai fe'n ei chymryd hi — *if he wouldn't take her*

Ollyngai Nic fyth mo'r parsel o'i fodd — *Nick would never release the parcel willingly*; ' o'i fodd ', idiom meaning *willingly*

60. **y byddai fe mor dwp** — *that he would be so stupid*

nes i'r meddyg ddod — *until the doctor came*

GEIRFA CYMRAEG - SAESNEG

WELSH - ENGLISH VOCABULARY

[m.—masculine   f.—feminine   pl.—plural   adj.—adjective
conj.—conjunction]

A

a (ac *before vowels*), *and*
â (ag *before vowels*), *with, as*
  mor gyfrwys â, *as cunning as*
actio, *to act*
acw, *yonder, there*
  y dafarn acw, *that inn,
  yonder inn*
achos
  1. (achosion), m. *cause, case
  (legal)*
  2. *because*
achwyn, *to complain*
adeg (adegau), f. *time, period*
  yr adeg honno, *at that time*
  ar adegau, *at times*
adeilad (adeiladau), m. *building*
aderyn (adar), m. *bird*
adnabyddus, *well-known, familiar*
adre, *homewards*
  mynd adre, *to go home*
addo, *to promise*
afon (afonydd), f. *river*
agor, *to open*
  ar agor, *open*
agored, *open*
agos, *near*
angen (anghenion), m. *need*
anghofio, *to forget*
anghyffyrddus, *uncomfortable*
ail, *second (numerical)*
allan, *out*
allforio, *to export*
allwedd (allweddau), f. *key*
amau, *to doubt*
ambell, *occasional*
  ambell waith, *occasionally*

amddiffyn, *to protect, to defend*
amgylch, o amgylch, *about,
  around*
amgylchiad (amgylchiadau),
  m. *circumstance*
amheus, *doubtful*
amhosib(l), *impossible*
aml, *frequent*
  yn aml, *frequently, often*
  gan amla, *mostly*
amlwg, *obvious*
amryw, *several*
amser (amserau), m. *time*
  bob amser, *always*
anadlu, *to breathe*
anaml, *infrequently*
anelu, *to aim*
anfon, *to send*
anifail (anifeiliaid), m. *animal*
anodd, *difficult*
ansicrwydd, m. *uncertainty*
anwesu, *to caress, to fondle*
ar, *on*
  ar draws, *across*
araf, *slow*
arafu, *to slow down*
arall (eraill), *other*
arbenigwr (arbenigwyr),
  m. *specialist, expert*
archwilio, *to examine*
arfer (arferion), m. *custom*
  fel arfer, *as usual, usually*
argoel (argoelion), f. *sign, omen*
arian, 1. m. *silver, money*
  2. adj. *silver*
arllwys, *to pour*
arogl (aroglau), m. *smell*
aros, *to wait, to stop*

arwain, *to lead*
arwydd (arwyddion), f. *sign*
asgwrn (esgyrn), m. *bone*
astudio, *to study*
at, *to, towards*
ateb, 1. (atebion), m. *answer*
  2. *to answer*
atseinio, *to echo, to reverberate*
awdurdod, m. *authority*
awel (awelon), f. *breeze*
awr (oriau), f. *hour*
awydd, m. *desire*
awyr, f. *air, sky*

B

bach, *small*
bai (beiau), m. *fault, blame*
balch, *proud, glad*
bara, m. *bread*
barf (barfau), f. *beard*
bargen (bargenion), f. *bargain*
barnwr, m. *judge*
bas, *shallow*
bedd (beddau), m. *grave*
beiddio (*also* meiddio), *to dare*
bellach, *now, henceforth*
beth, *what*
blaen (blaenau), m. *tip, point,
  front*
  o flaen, *in front of*
  o'r blaen, *before, formerly*
  ymlaen, *forward*
ble, *where*
blino, *to tire*
  wedi blino, *tired*
blwyddyn (blynyddoedd), f. *year*
bod, *to be*
bola, m. *belly*
bollt (bolltau), m. *bolt*
bolltio, *to bolt (door)*
bom (bomiau), m. *bomb*
boned, f. *bonnet*
bord (bordydd), f. *table*
bore (boreau), m. *morning*

botwm (botymau), m. *button,
  switch*
braf, *fine*
braich (breichiau), f. *arm*
  braich droi, *rotor arm*
brân (brain), f. *crow*
brathu, *to bite*
braw, m. *fear, fright*
brêc (breciau), m. *brake*
brecwast, m. *breakfast*
brenhines (breninesau), f. *queen*
breuddwyd (breuddwydion),
  m. *dream*
breuddwydio, *to dream*
brifo, *to hurt, to pain*
brolio, *to boast*
bron, *almost*
  pawb bron, *almost everybody*
brwnt (bryntach, brynta), *dirty*
brws (brwsys), m. *brush*
brwydr (brwydrau), f. *battle*
brys, m. *hurry*
  ar frys, *in a hurry*
brysio, *to hurry*
brysiog, *hurried, hasty*
buan, *quick, swift*
  yn fuan, *soon*
buddugol, *victorious*
busnes, m. *business*
busneslyd, *meddlesome*
bwled (bwledi), f. *bullet*
bwndel (bwndeli), m. *bundle*
bwrdd (byrddau), m. *table, board*
  ar fwrdd, *on board, on deck*
bws (bysys), m. *bus*
bwyd, m. *food*
bwystfil (bwystfilod), m. *beast*
bwyta, *to eat*
byd, m. *world*
  dim byd, *nothing*
byddarol, *deafening*
bygwth, *to threaten*
byr, *short*
bys (bysedd), m. *finger*
byth, *ever*
byw, *to live, to dwell*
bywyd (bywydau), m. *life*

C

caban (cabanau), m. *hut*
cadach (cadachau), m. *cloth, rag*
cadair (cadeiriau), f. *chair*
cadw, *to keep*
cae (caeau), m. *field*
cael, *to have, to receive, to find*
caethiwed, m. *captivity*
cangen (canghennau), f. *branch*
caled, *hard*
calon (calonnau), f. *heart*
call, *wise*
cam (camau), m. *step*
  cam gwag, *false step*
camu, *to step*
camp (campau), f. *achievement*
candryll, *pieces*
canmol, *to praise*
cannwyll (canhwyllau), f. *candle*
canol, m. *middle*
  ynghanol, *in the middle of*
cant (cannoedd), m. *hundred*
canu, *to sing*
capten, m. *captain*
car (ceir), m. *car*
carchar (carcharau), m. *prison*
caredig, *kind, charitable*
cargo, m. *cargo*
carlam, m. *gallop*
  ar garlam, *at a gallop*
carn (carnau), m. *handle, hilt, butt*
carped (carpedau), m. *carpet*
carreg (cerrig), f. *stone*
  carreg drws, *door step*
cartre(f), m. *home*
cas, *horrid, nasty*
casglu, *to gather*
cau, *to shut, to close*
  ynghau, *closed*
cawdel, m. *mess*
cawr (cewri), m. *giant*
cecrus, *quarrelsome*
cefn (cefnau), m. *back*
ceffyl (ceffylau), m. *horse*

ceg (cegau), f. *mouth*
cei, m. *quay*
ceiniog (ceiniogau), f. *penny*
ceisio, *to try*
celwydd (celwyddau), m. *lie, untruth*
cellwair, *to joke, to mock*
cerfio, *to carve*
cidnapio, *to kidnap*
cil (ciliau), m. *recess*
  cil y llygad, *corner of the eye*
  drwy gil y drws, *through the partly open door*
  cil-agored, *ajar*
cip, m. *glimpse*
clebran, *to chatter*
cledr (cledrau), f. *palm (of the hand)*
cliced, f. *handle, latch*
clir, *clear*
clo (cloeau), m. *lock*
cloc (clociau), m. *clock*
cloi, *to lock*
clust (clustiau), f. *ear*
clwyd (clwydi), f. *gate*
clyfar, *clever*
clywed, *to hear*
cnaf (cnafon), m. *knave, rascal*
coch, *red*
codi, *to raise, to rise*
coeden (coed), f. *tree*
coedwigo, *to plant trees*
coets, f. *coach*
cof, m. *memory*
cofio, *to remember*
côl, f. *lap, bosom*
colli, *to lose*
  ar goll, *lost*
comisiwn, m. *commission*
  Comisiwn Coedwigo, *Forestry Commission*
concrit, m. *concrete*
corff (cyrff), m. *body*
cornel (corneli), m. *corner*
côt (cotiau), f. *coat*
crafu, *to scratch*

creadur (creaduriaid), m. *creature*
credu, *to believe*
crensian, *to crunch*
creulon, *cruel*
cribo, *to comb*
crio, *to cry*
croen (crwyn), m. *skin*
croesawu, *to welcome*
croesholi, *to cross-examine*
croesi, *to cross*
croeso, m. *welcome*
crwn, *round*
cryf, *strong*
cryglyd, *hoarse*
cryn, *considerable*
crynu, *to tremble, to shiver*
crys (crysau), m. *shirt*
cuddio, *to hide*
cui, *narrow*
curo, *to beat, to strike, to knock*
cusan (cusanau), m. *kiss*
cwbl, *all*
  o gwbl, *at all*
cwcwmer, m. *cucumber*
cwch (cychod), m. *boat*
cwd (cydau), m. *bag*
cwestiwn (cwestiynau),
  m. *question*
cwlwm (clymau), m. *knot*
cwmni, m. *company*
cwmpas, o gwmpas, *around,
  about*
cwpan (cwpanau), m. *cup*
cwpanaid (cwpaneidiau), *cupful*
cwrs, *as in* wrth gwrs, *of course*
cwrw, m. *beer*
cwt (cytiau), m. *sty, shed*
cwympo, *to fall*
cwyno, *to complain*
cychwr, m. *boatman*
cychwyn, *to start, to set out*
cyd, *as in* i gyd, *all*
cydio (yn), *to take hold (of),
  to grasp*

cydol, *as in* . . .
  drwy gydol, *throughout*
  drwy gydol y nos, *throughout
  the night*
cyfarfod, *to meet*
cyfartal, *equal*
cyfarwydd, *familiar*
cyfeiriad (cyfeiriadau),
  m. *address, direction*
  i gyfeiriad, *in the direction of*
  o gyfeiriad, *from the direction
  of*
cyfle, m. *opportunity*
cyflym, *fast, speedy, quick*
cyflymu, *to accelerate*
cyfoethog, *rich*
cyfraith (cyfreithiau), f. *law*
cyfran, f. *share*
cyfrifol, *responsible*
cyfrinach (cyfrinachau), f. *secret*
cyfrwys, *cunning*
cyfyng, *restricted, narrow*
cyffro, m. *commotion*
cyffwrdd (â), *to touch*
cyllell (cyllyll), f. *knife*
cymaint, *so much, so many, so
  large, how much*
cymorth, m. *aid, help*
cymryd, *to take*
cyn, *before*
  cyn bo hir, *before long*
cynefino, *to accustom*
cynhesu, *to warm*
cynhyrfu, *to excite*
cynllun (cynlluniau), m. *plan*
cynnar, *early*
cynnes, *warm*
cynnig, *to attempt*
cynt, gynt, *earlier, formerly*
cynta, *first*
cyntedd (cynteddau), m. *lobby,
  hall*
cynulleidfa, f. *audience,
  congregation*
cyrraedd, *to reach, to arrive*

cysgod (cysgodion), m. *shade, shadow*
cysgodi, *to shelter, to shade*
cysgu, *to sleep*
cyson, *regular, consistent*
cystal, *as good, equal*
cysuro, *to comfort*
cysurus, *comfortable*
cythraul (cythreuliaid), m. *devil, demon*
cythreulig, *devilish*
cywilydd, m. *shame*

CH

chi, *you*
chwaith, *either*
chwalu, *to scatter*
chwarae, *to play*
chwarter (chwarteri), m. *quarter*
chwerthin, *to laugh*
chwilen (chwilod), f. *beetle*
chwilio, *to search*
chwith, *left*
chwydd, m. *swelling*
chwyddo, *to swell*
chwysu, *to perspire, to sweat*
chwythu, *to blow*

D

da, *good*
dacw, *there, yonder*
dadlau, *to argue*
dadlwytho, *to unload*
daear, f. *earth*
daeargryn, m. *earthquake*
dafad (defaid), f. *sheep*
dagrau, pl. *tears*
dal, *to catch, to hold, to continue*
dallu, *to blind*
damwain (damweiniau), f. *accident*
dan, *under*

danfon, *to send*
dangos, *to show*
dant (danneddd), m. *tooth*
darfod, *to finish, to end*
darlun (darluniau), m. *picture*
darllen, *to read*
darn (darnau), m. *piece*
dau, m. *two*
de, *right*
deall, *to understand*
dechrau, *to begin, to start*
defnyddio, *to use*
deffro, *to awake*
deg, *ten*
deial, f. *dial*
derbyn, *to receive*
deuddeg, *twelve*
deunaw, *eighteen*
dewis, 1. m. *choice*
    2. *to choose*
dewr, *brave*
diafol, m. *devil*
dial, 1. m. *revenge, vengeance*
    2. *to avenge, to have revenge*
dianaf, *unhurt*
dianc, *to escape, to flee*
diamddiffyn, **defenceless**
diawl, m. *devil*
dibynnu, *to depend*
didostur, *merciless*
di-drefn, *disorderly*
didrugaredd, *pitiless*
diddordeb (diddordebau), m. *interest*
diferyn (diferion), m. *drop*
diflannu, *to disappear*
diflas, *distasteful, nasty*
diffodd, *to extinguish*
digalon, *downhearted*
digon, m. *enough, plenty*
digonedd, m. *plenty*
digwydd, *to happen*
di-hid, *heedless*
dihidio, *heedless*
dihiryn (dihirod), m. *rascal, scoundrel*

dihiwmor, *humourless*
di-lun, *shapeless*
dilyn, *to follow*
dillad, pl. *clothes*
dim, m. *anything, nothing*
dimai (dimeiau), f. *ha'penny*
diniwed, *innocent, harmless*
diod (diodydd), f. *drink*
diodde(f), *to suffer*
diogel, *safe*
diogelwch, m. *safety*
diolch, 1. m. *thanks*
2. *to thank*
diolchgar, *grateful*
direidus, *mischievous*
di-ri, *numberless*
disglair, *bright, shining*
disgleirio, *to shine*
disgwyl, *to expect, to await*
disgyn, *to descend, to fall*
di-siâp, *shapeless*
distaw, *silent*
disymud, *motionless*
diwedd, m. *end*
diweddar, *late*
diwetha, *last*
diwrnod (diwrnodau), m. *day*
do, *yes*
doc (dociau), m. *dock*
dod, *to come*
dod â (ag), *to bring*
dodi, *to put, to place*
dodrefn, pl. *furniture*
doe, ddoe, *yesterday*
Dolig, Nadolig, *Christmas*
doniol, *funny, comic*
dosbarthydd, m. *distributor*
drafft, m. *draught*
draig (dreigiau), f. *dragon*
drain, pl. *thorns*
    ar bigau'r drain, *on tenterhooks*
drama (dramâu), f. *drama*
draw, *yonder*
    pen draw, *far end*
drewi, *to stink*
dringo, *to climb*

dros, *over, on behalf of*
drosodd, *over (adverb)*
    croesi drosodd, *to cross over*
drwg, *bad, evil*
    Gŵr Drwg, m. *Devil*
drws (drysau), m. *door*
drwy, *through*
drych (drychau), m. *mirror*
drychiolaeth (drychiolaethau),
    f. *apparition, spectre*
dryllio, *to shatter*
drysu, *to confuse, to disrupt*
dryswch, m. *confusion*
du, *black*
Duw, *God*
dwfn, *deep*
dŵr (dyfroedd), m. *water*
dwrn (dyrnau), m. *fist*
dwy, f. *two*
dwylo, pl. *hands*
dwyn, *to steal, to carry*
dwywaith, *twice*
dychmygu, *to imagine*
dychryn, 1. *fright, fear*
    2. *to frighten, to be frightened*
dychymyg, m. *imagination*
dydd (dyddiau), m. *day*
dyfalu, *to imagine, to deduce*
dweud, *to say*

E

e, *he, him*
eco, m. *echo*
edrych, *to look*
efallai, *perhaps*
effro, *awake*
egluro, *to explain*
enghraifft (enghreifftiau),
    f. *example*
ei, *his, her*
eich, *your*
eiliad (eiliadau), f. *second*
    (of time)*

ein, *our*
eisiau, m. *want*
   mae arna i eisiau, *I want*
eitha, *very, quite, limit*
   yn eitha da, *well enough*
ennill, *to win*
enw (enwau), m. *name*
enwedig, *special*
   yn enwedig, *especially*
enwog, *famous*
er, 1. *though*
   er mwyn, *for the sake of*
   2. *since*
   er pan, *since*
erbyn, *against, by*
   yn erbyn, *against*
   erbyn yfory, *by tomorrow*
   erbyn hyn, *by this time*
   erbyn hynny, *by that time,*
     by then
ergyd (ergydion), f. *blow, shot*
ers, *since*
esgid (esgidiau), f. *shoe, boot*
esgus, 1. m. *excuse*
   2. *to pretend*
esmwyth, *easy, comfortable*
estyn, *to reach, to hand*
eto, *again*
eu, *their*

F

faint, *how many, how much*
fe, *he, him*
fel, *like, as, so*
felly, *thus, therefore*
feranda, f. *verandah*
fi, *I, me*
fy, *my*
fyny, i fyny, *up, upwards*

FF

ffenest (ffenestri), f. *window*
ffermwr (ffermwyr), m. *farmer*
ffiws, m. *fuse*

fflach (fflachiau), f. *flash*
fflach-lamp, f. *flash-lamp*
fflam (fflamau), f. *flame*
fflamio, *to flame*
ffoi, *to flee*
ffôn, m. *phone*
ffordd (ffyrdd), f. *road, way,*
  manner
fforddio, *to afford*
ffrâm (fframau), f. *frame*
ffrind (ffrindiau), m. *friend*
ffrwd (ffrydiau), f. *stream*
ffrwydro, *to explode*
ffrwydrad (ffrwydradau),
  m. *explosion*
ffrydio, *to stream*
ffrynt, *front*
ffwdan, f. *fuss*
ffwrdd, i ffwrdd, *away*
ffyddlon, *faithful*

G

gadael, *to leave*
gafael (yn), *to take hold (of),*
  to grasp
gafael, f. *clutch (of car)*
gair (geiriau), m. *word*
galw, *to call*
gallu, *to be able*
gan, *with, by, from*
   mae gen i, *I have*
   gan fwya, *mostly*
gardd (gerddi), f. *garden*
gartre(f), *at home*
gelyn (gelynion), m. *enemy*
gêm (gêmau), f. *game*
gên, f. *jaw, chin*
genau, m. *mouth*
gêr, m. *gear*
gilydd, ei gilydd, *each other*
glân, *clean*
   yn lân, *completely*
glan (glannau), f. *bank (of river)*
glandeg, *comely*
glanhau, *to clean*

glas, *blue*
 ei orau glas, *his level best*
glasaid, m. *glass(ful)*
glaswellt, m. *grass*
glaw, m. *rain*
glo, m. *coal*
glöwr (glowyr), m. *collier*
glynu, *to stick*
go, *somewhat, rather*
gobaith (gobeithion), m. *hope*
gobeithio, *to hope*
gofal (gofalon), m. *care*
gofalu, *to look after, to be careful*
gofalus, *careful*
gofid (gofidiau), m. *grief, sorrow*
gofyn, *to ask*
golau (goleuadau), m. *light, lamp*
golchi, *to wash*
 dillad golchi, *clothes for the wash*
goleuo, *to get light, to light*
golwg, f. *sight, appearance, view*
 i'r golwg, *in sight, into view*
 o'r golwg, *out of sight*
golygus, *handsome*
gollwng, *to release*
gorau, *best*
 o'r gorau, *very well, alright*
gorchymyn, 1. (gorchmynion), m. *command*
 2. *to command*
gordd (gyrdd), f. *sledge-hammer*
gorffen, *to finish*
gorffwys, *to rest*
gormod, *too much*
gorsaf (gorsafoedd), f. *station*
gorwedd, *to lie (down)*
gosod, *to place, to lay (table)*
graddol, *gradual*
grât (gratiau), m. *grate*
griddfan, *to groan*
gris (grisiau), m. *step, stair*
grwnan, *to croon, to moan*
gwaed, m. *blood*
gwaedu, *to bleed*
gwaedd, f. *shout*

gwael, *poor*
gwaelod (gwaelodion), m. *bottom*
gwaeth, *worse*
gwaetha, *worst*
gwag, *empty*
gwagio, *to empty*
gwahanol, *different*
gwaith (gweithiau), m. *work*
gwaith (gweithiau), f. *time*
 weithiau, *sometimes*
 unwaith, *once*
gwal (gwaliau), f. *wall*
gwallgofrwydd, m. *madness, insanity*
gwallt (gwalltiau), m. *hair (on head)*
gwan, *weak*
gwarant, m. *warrant, guarantee*
gwared, m. *deliverance*
 cael gwared ar, *to get rid of*
gwasgu, *to squeeze, to press*
gwddw (gyddfau), m. *neck, throat*
gwefus (gwefusau), f. *lip*
gwegil, f. *nape of the neck*
gweiddi, *to shout*
gweini, *to serve*
gweithio, *to work*
gweithiwr (gweithwyr), m. *worker*
gweld, *to see*
gwelw, *pale*
gwely (gwelyau, gwlâu), m. *bed*
gwell, *better*
gwella, *to get better, to improve*
gwên (gwenau), f. *smile*
gwerth, m. *worth*
gwerthfawr, *valuable*
gwerthu, *to sell*
gwestai, m. *guest*
gwesty, m. *hotel*
gwifren (gwifrau), f. *wire*
gwingo, *to writhe*
gwir, m. *truth, true*
 yn wir, *indeed*
gwisgo, *to dress*

gwlad (gwledydd), f. *country, countryside*
gwlyb, *wet*
gwneud, *to do, to make*
gŵr (gwŷr), m. *man, husband*
gwraig (gwragedd), f. *woman, wife*
gwrando, *to listen*
gwres, m. *heat*
gwrthod, *to refuse*
gwrych (gwrychoedd), m. *hedge*
gwthio, *to push, to shove*
gwybod, *to know*
gwydr (gwydrau), m. *glass*
gwylio, *to watch*
gwyllt, *wild*
gwylltu, *to get wild, to lose control of oneself*
gwyn, *white*
gwynt, 1. (gwyntoedd), m. *wind* 2. *breath*
  colli gwynt, *to become breathless*
gwythïen (gwythiennau), f. *vein*
gyd, i gyd, *all*
gyda, gydag, *with, together with*
gynt, *formerly*
gyrfa (gyrfaoedd), f. *career*
gyrru, *to drive*
gyrrwr (gyrwyr), m. *driver*

H

haearn, m. *iron*
haf (hafau), m. *summer*
hamddenol, *leisurely*
hances (hancesi), f. *handkerchief*
handi, *handy, useful*
hanes (hanesion), m. *history, story, account*
hanner (hanerau), m. *half*
hapus, *happy*
hardd, *beautiful, handsome*
hawdd, *easy*
  haws, *easier;* hawsa, *easiest*

heb, *without*
heddiw, *today*
heddlu, m. *police (force)*
hefyd, *also, too, as well*
heibio (i), *past*
help, m. *help*
helpu, *to help*
helynt (helyntion), m. *trouble, fuss*
hen, *old*
heno, *tonight*
heol (heolydd), f. *road*
hi, *she, her*
hidio, *to heed*
hir, *long*
hithau, *she, she too*
hoeden, f. *hoyden*
hoelen (hoelion), f. *nail*
hoelio, *to nail*
hoff, *fond, favourite*
hoffi, *to like*
holi, *to question, to enquire*
hollol, *whole, entire*
hon, f. *this (one)*
honna, f. *that (one)*
honno, f. *that (one spoken of)*
hosan (hosanau), f. *sock, stocking*
howld, m. *(ship's) hold*
huawdl, *eloquent*
hun, hunan (hunain), *self*
  fy hun, *myself*
hwn, m. *this (one)*
hwnna, m. *that (one)*
hwnnw, m. *that (one spoken of)*
hwnt, *yonder*
  hwnt ac yma, *here and there*
hwyaden (hwyaid), f. *duck*
hwyl (hwyliau), f. *mood, good mood, fun*
hwylio, *to sail*
hwyr, *late*
hyd, m. *length*
  ar hyd, *along*
  o hyd, *still, all the time*
  hyd yn hyn, *until now*

hyfryd, *pleasant*
hyn, *this, these*
hynny, *that, those*
  er hynny, *in spite of that, yet*
hyrddio, *to hurl, to hurtle*
hysbysebu, *to advertise*

I

i, *I*
i, *to, for, into*
iach, *healthy*
iard, m. *yard*
iawn, *very, correct, right*
  da iawn, *very good*
ie, *yes*
iechyd, m. *health*
injan dân, f. *fire engine*
is, *lower*
isel, *low*
isa, *lowest*
islaw, *below*

L

lamp (lampau), f. *lamp*
lawr, i lawr, *down, downwards*
loetran, *to loiter*
lori (loriäu), f. *lorry*
lwc, m. *luck*
lwcus, *lucky*
lwmpyn (lympiau), m. *lump*

LL

llacio, *to slacken*
lladd, *to kill*
llaeth, m. *milk*
llai, *less*
llais (lleisiau), m. *voice*
llall (lleill), *other*
llanw, m. *tide*
llanw, *to fill*

llath, llathen, f. *yard*
  (*measurement*)
llaw (dwylo), f. *hand*
  llaw chwith, *left hand, left-handed*
llawen, *happy, cheerful*
llawer, *many, much*
  gwell o lawer, *much better*
llawn, *full*
llawr (lloriau), m. *floor, ground*
  ar lawr, *on the ground*
  (*also—downstairs*)
lle (lleoedd), m. *place*
  yn lle, *instead of*
lledu, *to spread, to widen*
lleia, *least, smallest*
  o leia, *at least*
lleidr (lladron), m. *thief*
llen (llenni), f. *curtain*
lles, m. *benefit*
llesg, *feeble, limp*
llestri, pl. *dishes, crockery*
llethol, *oppressive*
lleuad, f. *moon*
llidiart (llidiardau), m. *gate*
llif, m. *flow, flood*
llinell (llinellau), f. *line*
llinyn, m. *cord, line*
llipa, *limp*
llithro, *to slip*
lliw (lliwiau), m. *colour*
llond, m. *full(ness)*
  llond tŷ, *houseful*
llong (llongau), f. *ship*
llonydd, *quiet, still*
llusgo, *to drag*
llwybr (llwybrau), m. *path*
llwyddo, *to succeed*
llwyfan (llwyfannau), m. *stage*
llwyr, *complete*
llwynog (llwynogod), m. *fox*
llwyth (llwythi), m. *load*
llydan, *wide*
llyfr (llyfrau), m. *book*
llyfu, *to lick*
llygad (llygaid), m. *eye*
llygadu, *to eye*

95

llygoden (llygod), f. *mouse*
llyn (llynnoedd), m. *lake*
llyncu, *to swallow*

M

mab (meibion), m. *son*
mae, *is*
maer, m. *mayor*
magu, *to rear, to nurse*
mai, conj. *that*
mainc (meinciau), f. *bench*
maith, *long*
mam (mamau), f. *mother*
man (mannau), m. *place*
　yn y man, *soon, by and by*
　fan yma, *here*
mân, *small, fine*
mantais (manteision),
　f. *advantage*
marc (marciau), m. *mark*
marw, *to die*
　wedi marw, *dead*
　y meirw, pl. *the dead*
math (mathau), m. *sort, kind*
　pob math, *all sorts*
mawr, *big, large*
medrus, *skilful*
meddai (fe), *said he*
meddiant (meddiannau),
　m. *possession*
meddw, *drunk, drunken*
meddwl, 1. (meddyliau),
　m. *thought, mind*
　2. *to think, to mean, to intend*
meddyg (meddygon), m. *doctor*
meipen (maip), f. *turnip*
meistr (meistri), m. *master*
melltithio, *to curse, to damn*
menter, f. *venture*
mentro, *to venture*
menyn, m. *butter*
merch (merched), f. *girl,
　daughter, woman*
mesur, *to measure*

methu, *to miss, to fail*
mewn, *in*
mil (miloedd), f. *thousand*
milltir (milltiroedd), f. *mile*
mis (misoedd), m. *month*
mo, dim o, *nothing of*
modryb (modrabedd), f. *aunt*
modur (moduron), m. *motor, car*
modd, m. *manner, means*
mor, *so, as*
　mor dda, *so good, how good!*
môr (moroedd), m. *sea*
mul (mulod), m. *mule*
munud (munudau), f. *minute*
mwd, m. *mud*
mwg, m. *smoke*
mwy, *more, bigger*
mwynhau, *to enjoy*
myn, expletive *by*
mygu, *to choke, to suffocate*
mynd, *to go*
mynnu, *to insist, to will*
mynwent (mynwentydd),
　f. *graveyard*
mynydd (mynyddoedd),
　m. *mountain*

N

na (nac), *no, not, nor*
na (nag), *than*
nabod, adnabod, *to know,
　to recognise*
Nadolig, m. *Christmas*
naid (neidiau), f. *leap, jump*
naw, *nine*
nawr, *now*
　nawr ac yn y man, *now and
　then*
neb, *anyone, no one*
neidio, *to jump*
neillto, *other side*
　mynd o'r neillto, *go one side,
　withdraw*
neithiwr, *last night*

nerf (nerfau), m. *nerve*
nerfus, *nervous*
nerth, m. *strength*
nes, *nearer*
nes, *until, so that*
nesa, *next*
neu, *or*
newid, 1. m. *change*
  2. *to change*
newydd (newyddion), m. *news*
newydd, *new*
ni, *we, us*
ni, nid, *not*
nifer (niferoedd), m. *number*
ninnau, *we, we too*
niwed (niweidiau), m. *harm*
nodio, *to nod*
nodwydd (nodwyddau), f. *needle*
nodyn (nodion), m. *note*
nôl, *to fetch*
nos (nosau), f. *night*
noson, f. *night*
nwyddau, pl. *goods*
nyth (nythod), f. *nest*

O

o, *from, of, out of*
O, *Oh!*
ochr (ochrau), f. *side*
od, *strange, odd*
oddi, *out of, from*
  oddi ar, *from off*
  oddi wrth, *from*
oed, m. *age*
oer, *cold*
oerfel, m. *cold (weather)*
oeri, *to get cold*
oerni, m. *cold, coldness*
oes, *yes, is*
oes (oesoedd), f. *age*
ofer, *wasteful, vain*
ofn (ofnau), m. *fear*
ofnadwy, *terrible, awful*
ofni, *to fear*

ofnus, *timid*
oherwydd, *because*
ôl (olion), m. *mark, track*
  yn ôl, 'nôl, *back, backwards*
  wythnos yn ôl, *a week ago*
  ar ôl, *after*
  yn ôl, *according to*
  y tu ôl i, *behind*
ola, *last*
olwyn (olwynion), f. *wheel*
oll, *all*
ond, *but*
  dim ond, *only*
os, *if*
ots, *as in* pa ots, *what odds*

P

pa, *as in* . . .
  pa bryd *or* pryd, *when*
  pa un, *which one*
pafin, m. *pavement*
paladr (pelydr), m. *beam, ray*
palas (palasau), m. *palace*
pam, *why*
pan, *when*
panig, m. *panic*
papur (papurau), m. *paper*
pâr (parau), m. *pair*
paratoi, *to prepare*
parch, m. *respect*
parlwr (*parlyrau*), m. *parlour*
parod, *ready*
parsel (parseli), m. *parcel*
pasej, m. *passage*
pawb, *everybody*
pedair, f. *four*
pedwar, m. *four*
pedwerydd, *fourth*
peidio (â, ag), *to refrain from,
  to stop, to cease*
peiriant (peiriannau),
  m. *machine, engine*
pell, *far*
  ymhell, *far, afar*

pen (pennau), m. *head, top*
  ar ben, *on top of, at an end*
  ar ei ben ei hun, *on his own*
  pen ôl, *backside*
pendant, *definite*
penderfynu, *to decide,*
  to determine
pendramwnwgl, *headlong*
penelin, m. *elbow*
pennill (penillion), m. *verse*
pentre (pentrefi), m. *village*
perchen (perchnogion), m. *owner*
peri, *to cause*
perygl (peryglon), m. *danger*
peryglus, *dangerous*
peth (pethau), m. *thing*
pig (pigau), f. *beak, spout*
pigiad, m. *injection*
pigog, *prickly*
pistol, m. *pistol*
piti, m. *pity*
plaen, *plain*
plannu, *to plant*
pleser (pleserau), m. *pleasure*
plismon (plismyn), m. *policeman*
plygu, *to bend, to stoop*
pob, *every*
pobl, pl. *people*
poced (pocedi), f. *pocket*
poen (poenau), m. *pain*
poeni, *to pain, to trouble*
poenus, *painful*
poeri, *to spit*
poeth, *hot*
pont (pontydd), f. *bridge*
popeth, *everything*
porthladd (porthladdoedd),
  m. *port*
posib(l), *possible*
postmon (postmyn), m. *postman*
potel (poteli), f. *bottle*
potelaid, f. *bottle(ful)*
pregeth (pregethau), f. *sermon*
pregethu, *to preach, to sermonise*
presant (presantau), m. *present*
prif, *chief*

prin, *scarce*
  prin neb, *hardly anyone*
pris (prisiau), m. *price*
profi, *to prove, to taste*
protest, m. *protest*
pryd (prydau), m. *meal*
pryd (prydiau), m. *time*
  pryd (pa bryd), *when*
  ar brydiau, *at times*
  ar y pryd, *at that (particular)*
  time
  hyn o bryd, *at this time, now*
  mae'n bryd, *it's time*
prydferth, *beautiful*
pryfed, pl. *insects*
prynhawn (prynhawniau),
  m. *afternoon*
prynu, *to buy*
prysur, *busy*
punt (punnoedd), f. *pound (£)*
pur, *pure*
  pur agos, *pretty near*
pwdin, m. *pudding*
pwrpas, m. *purpose*
pwy, *who*
pwynt (pwyntiau), m. *point*
pwyntio, *to point*
pwysig, *important*
pwyso, *to lean, to weigh*
pwyth (pwythau), m. *stitch*
pymtheg, *fifteen*

R

rifolfer, m. *revolver*
rownd, *around*

RH

rhaff (rhaffau), f. *rope*
rhag, *from, lest*
  rhag ofn, *for fear, in case, lest*
rhagor, *more*
rhai, pl. *some*
  y rhai yma, *these (people,*
  things)

rhaid, m. *need, necessity*
  mae rhaid i fi, *I must*
rhain (y rhai hyn), *these*
rhan (rhannau), f. *part*
rhannu, *to divide, to share*
rhaw (rhawiau), f. *spade*
rhecsyn (rhacs), m. *rag*
rhedeg, *to run*
rheg, f. *curse, oath*
rhegi, *to swear, to curse*
rheolaeth, f. *control*
rheolwr (rheolwyr), m. *manager*
rhewi, *to freeze*
rhoi, *to give, to put*
rhuthro, *to rush*
rhwbio, *to rub*
rhwng, *between*
rhwydd, *easy*
rhwyfo, *to row*
rhwygo, *to tear*
rhwym, *tied, fixed*
rhwymo, *to tie, to bind*
rhy, *too*
  rhy fach, *too small*
rhydd, *free*
rhyddhau, *to set free, to release*
rhyfedd, *strange*
rhyw, *some*
  rhywbeth, *something*
rhywfodd, *somehow*
rhywle, *somewhere, anywhere*
rhywrai, *some* (pl.), *any*
rhywsut, *somehow, anyhow*
rhywun, *someone, anyone*

S

sach (sachau), f. *sack*
saethu, *to shoot*
sarff (seirff), f. *serpent*
sawl, *how many*
sbaner, f. *spanner*
sbarion, pl. *remains*
sbardun, m. *accelerator*
sbel, f. *time, spell*
sbio, *to look, to spy*

sebon, m. *soap*
sedd (seddau), f. *seat*
sef, *namely*
sefyll, *to stand*
sefyllfa, f. *position*
sêl, f. *seal*
sens, m. *sense*
sglefrio, *to skate*
sgrechian, *to screech, to scream*
sgrifen, f. *writing*
sgrifennu, *to write*
shyter, m. *shutter*
siâr (siariau), f. *share*
siarad, *to talk, to speak*
siario, *to share*
siarp, *sharp*
siawns, f. *chance*
sibrwd, *to whisper*
sicr, *sure*
sied (siediau), f. *shed*
siglo, *to shake*
silff (silffoedd), f. *shelf*
simsan, *unsteady*
sinema, f. *cinema*
siŵr, *sure*
sleifio, *to slip*
sobr, *sober*
sôn, 1. m. *mention, rumour, sign*
  2. *to mention*
soser (soseri), f. *saucer*
sownd, *fast, fixed*
stafell (stafelloedd), f. *room*
stesion, f. *station*
stoc, f. *stock*
stond, *still*
  sefyll yn stond, *to stand stock
    still*
stopio, *to stop*
stori (storïau), f. *story*
straen, m. *strain*
stryd (strydoedd), f. *street*
stumog (stumogau), f. *stomach*
stwff, m. *stuff*
stwffio, *to stuff*
sut, *how, what kind of*
  sut ddyn, *what kind of a man*

swits, f. *switch*
swllt (sylltau), m. *shilling*
sŵn, m. *noise*
swnd, m. *sand*
swnllyd, *noisy*
swp (sypiau), m. *bundle*
swta, *curt, abrupt*
swyddfa (swyddfeydd), f. *office*
sy, *is*
sych, *dry*
syched, m. *thirst*
sydyn, *sudden*
sylw, m. *notice*
   dal sylw, *to take notice*
sylwi, *to notice*
syml, *simple*
symud, *to move*
symudiadau, pl. *movements*
syn, *amazed, amazing*
syniad (syniadau), m. *idea*
syrthio, *to fall*
syth, *straight*

T

taclus, *tidy*
tad (tadau), m. *father*
taeru, *to maintain, to insist*
tafarn (tafarnau), f. *inn*
taflen (taflenni), f. *leaflet*
taflu, *to throw*
tafod (tafodau), m. *tongue*
tagu, *to choke*
tair, f. *three*
tal, *tall*
talcen (talcennau), m. *forehead*
talgryf, *tall and strong*
talu, *to pay*
tân (tanau), m. *fire*
tan, *until*
taro, *to strike*
tarw (teirw), m. *bull*
tasg (tasgau), f. *task*
tasgu, *to splash*

tawel, *quiet*
tawelu, *to calm*
tawelwch, m. *silence, quiet*
te, m. *tea*
tebyg, *like*
teg, *fair*
   chwarae teg, *fair play*
teiger, m. *tiger*
teimlo, *to feel*
teliffon, m. *telephone*
tenau, *thin*
teulu (teuluoedd), m. *family*
tew, *fat*
tewi, *to be silent*
tipian, *to tick*
tipyn, m. *bit, little*
tir (tiroedd), m. *land*
tlodi, m. *poverty*
to (toeau), m. *roof*
toc, *soon*
tolc (tolciau), m. *dent*
torcalonnus, *heartbreaking*
torri, *to break*
tra, *while*
traeth (traethau), m. *beach*
trafferth (trafferthion),
   m. *trouble*
traul (treuliau), f. *expense, wear*
   ar draul, *at the expense of*
trawiad (trawiadau), m. *stroke*
traws, *as in . . .*
   ar draws, *across*
   ar ei draws, *across him*
tre (trefi), f. *town*
trefn, f. *order, arrangement*
trefnu, *to arrange, to organise*
treulio, *to spend, to wear*
tri, m. *three*
tridiau, pl. *three days*
trin, *to treat, to deal with*
trist, *sad*
tro (troeon), m. *turn, time*
   mynd am dro, *to go for a trip*
   un tro, *once*
   dros dro, *for the time being,*
     temporarily

troed (traed), f. *foot*
troedfedd (troedfeddi), f. *foot (length)*
troellog, *winding*
troi, *to turn*
truan (trueiniaid), m. *wretch*
trugaredd, f. *mercy*
trwbwl, m. *trouble*
trwm, *heavy*
trwy, drwy, *through*
trwydded (trwyddedau), f. *licence*
trwyn (trwynau), m. *nose, promontory*
trywydd, m. *trail, scent*
tu, m. *side*
  y tu ôl i, *behind*
  y tu cefn i, *behind*
  y tu mewn i, *inside*
tua (tuag), tuag at, *towards*
tua (tuag), *about (approximately)*
  tua milltir, *about a mile*
tun (tuniau), m. *tin*
twba (tybiau), m. *tub*
twf, m. *growth*
twlc (tylciau), m. *sty*
twp, *stupid*
twrci (twrcïod), m. *turkey*
twrw, m. *noise*
twt, *tut!*
twyllo, *to deceive*
twymyn, f. *fever*
tŷ (tai), m. *house*
tybed, *I wonder, maybe, perhaps*
tyfu, *to grow*
tymer (tymherau), f. *temper*
tymor (tymhorau), m. *season*
tyn, tynn, *tight*
tyner, *tender, gentle*
tynnu, *to pull*
tywod, m. *sand*
tywydd, m. *weather*
tywyll, *dark*
tywyllu, *to grow dark, to darken*
tywyllwch, m. *darkness*

U

ucha, *highest*
uchel, *high*
ufuddhau, *to obey*
ugain, *twenty*
un, *one, a, same*
  yr un peth, *the same thing*
undonog, *monotonous*
unig, *only, lonely*
  ei unig ferch, *his only daughter*
  y tŷ unig, *the lonely house*
union, *straight*
unioni, *to straighten*
unochrog, *onesided*
unrhyw, *any*
  unrhywbeth, *anything*
unwaith, *once*
ust, *hist, hush*
uwch, *higher*
uwchben, *above*
uwchlaw, *above*

W

wedi, *after*
wedyn, *afterwards*
weiren, f. *wire*
weithiau, *sometimes*
wrth, *by*
  wrth gwrs, *of course*
  dweud wrth, *to tell (to)*
wy (wyau), m. *egg*
wylo, *to weep*
wyneb (wynebau), m. *face*
wynebu, *to face*
wyth, *eight*
wythnos (wythnosau), f. *week*

Y

y, yr, 'r, *the*
ychydig, *little, few*
ychwanegu, *to add*
yfed, *to drink*
yfory, *tomorrow*

yng, yn, *in*
ynghanol, *in the middle of*
ynghau, *closed*
ynghlo, *locked*
ynghudd, *hidden*
ym, yn, *in*
yma, *here*
ymaith, *away*
ymbalfalu, *to grope*
ymdrech (ymdrechion), f. *effort*
ymennydd, m. *brain*
ymhell, *far, afar*
ymhellach, *further, furthermore*
ymhen, *in (at the end of)*
   ymhen blwyddyn, *in a year,*
      at the end of a year

ymladd, *to fight*
ymlaen, *forward*
ymosod, *to attack*
yn, *in*
yna, *there, then*
yno, *there*
yntau, *he, he too*
ysbail, f. *spoil, booty*
ysgafn, *light (weight)*
ysgwyd, *to shake*
ystod, *as in . . .*
   yn ystod, *during*
ydy, *is*